〔日〕林勇作 ◎ 著

阜东丹樱（郭小莉）◎ 译

曹岫云 ◎ 译校

京都百年企业的

经营秘诀

人民东方出版传媒
People's Oriental Publishing & Media

东方出版社
The Oriental Press

推荐序
向百年企业学什么？

我们中国是一个历史悠久的大国，现在这个时点，无论人口数也好，企业数也好，大约是日本的10倍。但说起来有点惭愧吧，在我们这个泱泱大国里，百年企业屈指可数。而在我们的近邻日本，一个小小的岛国，百年企业却多得惊人，有两万七千多家。世界第一，遥遥领先，而且这个数量还在不断增加。而在日本，京都又是百年企业"出现率"最高的地区。现在的中国，面临二代传承问题的企业，面广、量大，所以学习和研究日本，特别是京都的百年企业的经验，是十分必要的。

在《京都百年企业的经营秘诀》这本书里，林勇作先生运用他在第一线调查获得的丰富的素材，对京都百年企业的成功经验做了精彩的分析和总结。值得一读。

我读这本书，认真校正它的中文译本，同时回忆起在日本拜访过的百年企业和千年企业时的情景，引起很多联想。

在漫长的岁月中，在历史的风雨中，能把企业传承几代、十几代甚至几十代，谈何容易。那么，企业代代传承最重要的经验或者说秘诀究竟是什么呢？

无非是坚持和忍耐。换句话说，就是事业传承的意志。也就是无论如何都要把事业传给子孙，无论如何必须继承祖辈的事业，这种渗透到潜意识的强烈而持久的愿望，和随之而来的克服传承过程中各种困难和障碍的坚如磐石的顽强意志。而支撑这种意志的就是自利、利他的哲学思想。用本书中的说法，就是"三方受益"，卖方受益，买方受益，社会更加受益。这才是让基业常青的生生不息的原动力。只要动力强大，什么该保留传承，什么要改革创新，各种问题自然迎刃而解。

为了让子孙产生接班传承的愿望乃至使命感，祖孙三代住一起，而且住所和职场在一起。本书中说到的京都百年老店的这条经验，让我印象深刻。

在后记中，作者说，本书是写给企业家看的，写给百年企业研究者和老字号企业的粉丝们看的。我想补充一句，希望各级官员们能抽出一点点宝贵的时间，认真读一读这本书。因为你们的思想和情怀，同营造百年企业的环境和氛围密切相关。

曹岫云

2019 年 2 月 2 日

目　录

第三章

企业存续的秘诀2　经营者揭示未来的
目标，为了达成目标亲自培养所需人才

第五章

之所以成为"京都老字号"

第六章

京都老字号社长座谈会

序　言

向各位经营者提一个问题：

各位心目中的京都老字号是什么样的呢？

"谢绝生客。"

"保留传统和守规矩。"

"高品质。"

谢谢各位。以上都算是正确答案。

但是，这些只说到了京都老字号表面的部分，而其本质则更为简单。那就是，京都的老字号都"把企业传承了100年以上"。

很多经营者在公司经营困难时，常常把责任推给社会或时代：

"形势萧条。"

"当今时代方向不明。"

"政治不给力。"

类似这样的牢骚大家一定听说过吧。回顾近一二十年的情况，也确实如此。

但是，100 年前、200 年前、400 年前甚至 500 年前的社会又是如何呢？当时的社会基础设施不完备，河水泛滥、泥石流等自然灾害比现在更加频繁。在 70 多年前，还历经了战争。

是的。回顾过去，"让公司经营顺利的时代"并不存在。

那么，在各个时代所有公司的经营都不顺利吗？无论社会环境如何，排除万难，让企业得以持续发展的也不在少数。这就是现在的"老字号"。

本书的主题是"让您的公司持续发展 100 年以上"。为此，向持续经营了 100 年以上的老字号学习，是最好的方法。

也许有人认为"隔行如隔山，行业不同没有什么可学的"。其实不然。迄今为止，我采访了许多老字号企业，通过密切接触和深度了解，将成为老字号的秘诀总结为以下三条。

1. 明确区分传承与创新
2. 经营者揭示未来的目标，为了达成目标
   亲自培养所需人才
3. 卖方受益，买方受益，社会更加受益

　　只要贯彻这三条秘诀，你的公司也一定能够在100年以后被尊称为"老字号"企业。

　　请你和我一起努力，实现"百年企业"的梦想！

林勇作

世纪创意株式会社社长

第一章

京都：传统韵味
与现代气息相融合的都市

◆ 4.5%的百年企业在京都

我想先说明一下我为什么重视"京都"的百年以上的老字号企业。

根据东京商工研究的调查，在日本，拥有百年以上历史的企业一共有27441家。这个数量居世界第一，而且遥遥领先。

在日本，老字号企业数量最多的地区是东京，有3003家（约占全国总量的10.9%）。第二是大阪府，有1614家（约占全国总量的5.8%）。第三是爱知县，有1515家（约占全国总量的5.5%）。然后是京都府，有1259家（约占全国总量的4.5%）。

只看这个，似乎"比起京都，研究东京的企业更有价值"。包括读者在内，可能很多人都会有这样的疑问。

但是，我重视的不是老字号企业的合计数目，而是适合老字号企业生长的土壤。有活力的老字号企业集中的地区，也就是老字号企业的"出现率"较高的都、道、府、县，才是我关注的重点。"出现率"是指某个都、道、府、县内存在的企业中百年企业所占的百分比。

　　根据《延续百年企业的条件》（帝国数据库资料馆·产业调查部编撰　朝日新闻出版发行）的调查，老字号的出现率较高的是京都府（3.65%）、岛根县（3.50%）、新潟县（3.37%）、山形县（3.25%）、滋贺县（3.11%）、福井县（3.03%）。东京虽然老字号企业的数量很多，但是由于新兴企业数量众多，所以出现率只有0.97%。京都的老字号企业出现率是东京的3.76倍。

　　此外，这些老字号企业出现率高的地区还有一个特点是，第二次世界大战时，空袭造成的损失较少。我认为，这是因为这些地区或被世界公认为是有历史价值的地区，或没有军事设施而没有成为空袭目标。这大概只能归功于"运气"吧。店铺没有被毁坏，人才的损失也比其他地区少很多，这些都对企业的存续有帮助。

　　与别的地区相比，京都还有更特殊的地方。老字号企业的数量在全国排第四，但老字号企业的出现率却位居全国第一。这与京都的历史有密切的关系。

◆ 全国各地匠人聚集于京都

在长达 1200 年的时间里，京都一直是日本的政治中心。

"啼唱吧（794 年） 树莺哟 平安京"①

从平安时代开始，到江户时代结束开启明治时代为止，日本的首都一直是京都。

至今，京都人谈到首都这个话题时，回答"日本的首都是京都"的仍然大有人在。这是 1868 年颁布的曾被通称为"东京奠都诏书"导致的。

实际上，"'奠都'有'新设首都'的意思，所以依据这份诏书来看'东京只是新设的首都'，首都没有从京都迁出，所以有很多京都人认为日本的首都还是京都"。所以，这是京都人表达自豪感的一种方式。京都在 1200 年间一直是日本的首都，京都人珍视这段历史。

---

① 译文：鳴くよ（794 年） うぐいす 平安京。这句话用来记忆日本平安京建都的年代。"啼唱吧"的日语发音（NaKuYo）与"794"的发音相似。

从平安时代到明治时代的 1200 年间，京都有过以天皇为代表的许多"公家"。因此，自然而然，一流的工匠、商人、艺人、商品都汇聚到了这里。此外，也可以说是政策让人和物聚集到这里。

据说，以天皇居住过的"京都御所"为中心，西侧曾是制作工艺品的匠人们集中的地区，东侧曾是茶道、花道、能乐等艺人们集中的地区。至今，御所周边的街道的名称还可以让人感受到当时的热闹景象。比如，制作锅的匠人聚居的街道叫作釜座通，寺院集中的街道叫作寺町通等。简单易懂，同一地域聚集同行业的人才。把匠人集中在一起也可以说是一种保护措施，不仅可以促进匠人之间切磋技艺，还提供了把手艺代代传承下去的肥沃土壤。

由于聚集了当时来自各地的一流商品，自然而然也出现了很多贩卖商品的专业人才和店铺。

一些店铺的商品凭借匠人的高超技艺被选为"御用"。现在在京都还有很多"御用"的老字号店铺。在古代，御用店铺会在显眼处悬挂刻有"御用"字样的木质牌匾，以彰显被公家认证的崇高的地位。

历史上，京都作为日本的政治、文化中心，京都人的审美水平、鉴赏水平和对美食的要求，都比其他地区的人高。这在日本几乎尽人皆知。因此，店铺如果想在京都站稳脚跟，必须兼具上乘的品质和良好的信用这两点。难能可贵的是，兼具上乘的品质和良好的信用的店铺，至今仍然作为老字号活跃在京都。

京都的老字号众多，并不意味着新生企业难以成长。相反，京都的风土非常适合新企业的发展。京瓷、村田机械、罗姆、日本电产、堀场制作所、华德培婚礼、华歌尔、欧姆龙、村田制作所等，许多一流企业都在京都成立、壮大。我认为，这是因为京都凝聚了日本人"接受新事物，并加以改善，以适合于自己"的文化。

◆ 京都的公司生机勃勃

从古至今，日本就是一个善于接受新事物并加以改进的国家。在历史上，无论是汉字、造纸技术，还是佛教和儒家的思想，以及农耕技术、典章制度等，都有融合于日本文化之中的先例。比如，大家熟知的，美国的商务用语和商业技巧被用于日常会话中，其他国家的特色菜肴被改变为适合日本的料理等。

综合以上内容，各位可以理解，京都就是日本的缩影。在 1200 年间，京都一直是日本的首都，也是众多古老事物与新生事物交汇的地方。京都汇聚了来自全国的一流人才，不管遇到什么新事物，都能吸收改造，使之适合于日本社会。而普通民众也习惯了这样的变革。这些因素导致的结果是：以下述列举的企业为代表，在京都的新兴企业发展壮大的同时，京都传统的老字号企业不仅没有消失，而且能够与时俱进，生机勃勃。

◆ 老字号之城：京都和日本桥的共通点

通过上述简单的说明，大家理解了京都老字号企业众多的原因。

这里还想介绍一下与京都的地势环境十分相似的东京的老字号集中地带——日本桥。

京都作为日本首都的 1200 年间得到了长足的发展。换句话说，京都是陪伴着天皇一起走到了今天。

与京都的历史相比，虽然东京日本桥的历史较短，但也伴随着德川家走过了 400 多年。从明治时代开始，作为日本的首都，它又发展了 140 多年。在政治与文化、匠人与艺人、商品等各方面，可以说与京都有着相似的历史。

在日本桥有经营超过 400 年的"伊场仙"，经营 360 年的"小津和纸"，经营 180 年的"千疋屋"总本店等建立于江户时代的老字号，也有经营 107 年的人形烧本铺"板仓屋"，经营 120 年的"蛇之市"本店，经营 132 年的"薮伊豆"总本店等成立于明治时代的老字号。此外，今后还有许多企业会超越百年，成为老字号。

京都和日本桥，除了地势环境以外，两者还有互相关联的地方。那就是东海道五十三次的起点和终点。日本桥是起点，京都、三条大桥是终点。

◆ 京都的招待文化

现在，先和各位聊一下京都的"招待文化"。

"O·MO·TE·NA·SHI"日文写作"おてなし",这个词由于入选2013年的U-CAN流行语大赏,在申办东京奥运会时,成为热门话题。它的语句构成是:在给予客人关爱的词语前加上表示敬语的前缀词。意思是"表里如一",表达了不会因客人不同而改变服务态度的理念。后来意思又有些变化,现在成为顾客至上、优质服务的代名词。

但是,京都的"优质服务"与日本普遍使用的"优质服务"稍有不同。京都的"优质服务"会选择"服务对象"。

提到京都的"优质服务",虽然印象不是很好,但是首先会想到"谢绝生客"。

按照当今时代的观念看"谢绝生客",一定是价格不菲,而在京都并非如此。至于为什么"谢绝生客",有其独特的理由。

做说明之前,我想讲一个一般人看来不可思议的事。它是海外的贵客"被拒绝"的故事。而拒绝这些海外宾客的是位于祇园有着300年历史的老字号茶屋。

这件事是发生在数十年前。海外的贵宾到了京都，陪同人员提前到了店里，向茶屋提出请求"希望接待海外贵宾"。但是不巧，当天的预约已经满员，实在无法接待突然来访的客人。店里的负责人就以"本店没有熟客介绍，恕不接待"为由礼貌地回绝了。

我觉得这是京都"谢绝生客"中的很有意思的故事。

那么，谢绝生客的原因是什么呢？

第一点，是重视老顾客。不仅上面的故事如此，我熟知的一家餐厅，在"米其林"关西版首次发行时，也拒绝了米其林三星店店刊的登载请求。

各位可能想不通，为什么该餐厅会拒绝被世界认可的米其林的请求呢？我也问过同样的问题，意想不到的答复是："如果被刊登在米其林上，就无法给老顾客提供'优质服务'了。"

等我更进一步详细询问原因时，听到了具有京都特色的回答。

即使不是米其林，一旦把店名刊登在排行榜形式的导游指南上，光顾的客人一下子就会增加，销售额也会急剧增加。但是，像这样的高潮瞬间就会消失。随着这股高潮蜂拥而至的大多数是观光客，而且只光顾一次的客人居多。大量观光客的前来，会导致提供给老顾客的"优质服务"出现纰漏。"从前可以随时随意光顾的老顾客，现在却需要排队预约等待几个月"，"从前可以慢慢享受美食的，现在却需要顾及后面排队的客人"等，这些状况的出现，导致无法提供令老顾客满意的"优质服务"。这就是"拒绝刊登"的真实理由，也是京都特色的、涉及经商本质的理由。

虽然很对不起由于媒体的宣传而想来体验一把的顾客，但是相比于只来一次的顾客，一年数次，多年来一直光顾的老顾客更值得珍视，这就是京都的老字号。如果忘记这个初衷，生意不会兴旺和长久。

第二点，为了更好地提供"优质服务"。

对于初次光顾的客人，没有任何了解。他喜欢什么酒，喜欢什么菜，喜欢热的还是喜欢冷的……如果是与老顾客一同前来的话，可以配合老顾客，提供"优质服务"。但是，如果没有新客人的信息，就无法提供让其真正感到满意的"优质服务"。所以，"为了不至于失礼，干脆一开始就拒绝"。

提供"优质的服务"的前提是了解对方的喜好。正因为如此，在京都的老铺中，仍然存在"谢绝生客"的现象。

第三点，这是更现实的理由，事关信用。

"痛痛快快用现金支付"并不是京都的商业习惯。京都的习惯是先记账，月底统一结算。这种情况下，容易出问题的是初次上门的客人。没有人知道初次上门的客人的支付能力。如果品行不良的客人来店的话，会损害店铺的品位。

因此，初次上门的客人要有人介绍，万一没有支付能力，介绍人作为保证人来支付费用是理所应当的。另外一个考虑就是，如果有介绍人的话，初次上门的客人会顾及介绍人，而不会做出有损介绍人面子的事情。

综上所述，"谢绝生客"的理由有"重视老顾客""避免对顾客服务不到位""确信费用能够收回"这三点。

在这里隐含了京都"优质服务"的本意，隐含了京都商家的强烈自信。

此外，京都的"优质服务"还包含了茶道的"一期一会"精神。那就是"这是为你一个人量身定制的服务"，并不谋求任何额外的回报。就算最后得到了回报，那也不是提供优质服务的目的。

◆ 严格遵守"默契"的京都人

下面我想围绕京都的"人"聊一下。

了解日本的朋友一定经常会听到京都人"心眼儿复杂"的说法。这并不恰当。生活在古代的京都人，有很多机会接触贵族和武士等身份地位较高的人。为此，京都人往往避免直截了当的表达，很注意顾及对方的感受。因此，委婉的交流方式便流行起来。

　　常年使用这种独特的交流方式的京都人，无论规则是否明示，对于规则的态度变得非常严格。凡是不遵守规则的人，大家都避免与之交往。这是因为生意的基础就是相互信赖。不遵守规则的人，忽视规则的人，不能与之建立信赖关系。正因为如此，为了双方的关系更加和谐，就要默默地保持一定的距离。这就是京都人。

第二章

企业存续的秘诀 1
明确区分传承与创新

◆ 只求安稳绝不能持续 100 年

在第一章中我简单介绍了什么是京都的老字号，京都的特色是什么。在这一章里，我将穿插具体的事例，依次说明让企业持续 100 年的方法。

先要知道"一味重复与过去相同的做法，生意绝对不可能持续 100 年"这句话。不懂创新的企业不要说 100 年，连 10 年都保不住。只靠一个灵感，只用一套做法，就能克服一切困难的想法太天真，这个世界没有那么简单的事情。事实上，持续经营超过 10 年的企业只有 10%，就印证了这个道理。

这个道理适用于任何行业。在顾客看来好像一成不变，但是，点滴的改良，细微的改变，仍是必要的。比如，拉面店需要根据不同季节变换汤底。做销售的，更需要时刻竖起天线，接受新信息、提出新方案。

这里，就需要向老字号企业学习。持续经营超过 100 年的企业都不属于处于时代尖端的行业。相反，几乎都是夕阳产业。以夕阳产业为前提思考的话，如果什么改变都不做，企业很快就会消亡，这是不难想象的。因此，先来说明为什么必须"变革"。

比如，我们来看看 100 多年前，世界形势是怎样的。1914 年是日本的大正三年，日俄战争已经结束了 10 年，日本也刚刚进入世界帝国主义国家的行列。1914 年 6 月 28 日奥匈帝国的皇储弗朗茨·斐迪南大公夫妇在萨拉热窝视察时被塞尔维亚青年枪杀，这就是"萨拉热窝事件"。它引发了第一次世界大战。这就是 100 多年前的世界。

说到在这个时期创业的企业，可以列举"大正制药"等，但是，至今依然存在的企业不到 1%。

当时的日本人的衣、食、住与 100 年后的今天相比，有什么相同的地方吗？在大正时代的日本，洋装已不稀奇，但是服装仍以和服为主。关于饮食，我想那时也有很多好吃的东西，但普通人日常不会吃咖喱饭、牛排、蛋糕、各国的特色饭菜肴吧。汉堡还没有出现在日本。房屋还是以木结构建筑为主，不像现在是以钢筋混凝土为主。当时简陋的排房也开始被公寓等高层建筑代替。

以上只是一小部分的事例，日本人的价值观，在 100 年的时间里，也已经发生了巨大的变化。这一点，我想大家都能理解。那么，不能应对这种变化的企业，在 100 年后的今天，还能幸存吗？

◆ 不可改变的"屋号""信条""门帘""心"

如果因循守旧，企业不可能持续 100 年。但我想告诉大家，所谓改变，并不是要"改变一切"。

经营 100 年以上的老字号企业能够明确区分"应该保留的传统"和"应该改变的旧习"。这也是日本俳句诗圣松尾芭蕉倡导的"不易流行"的概念。"不知'不易'难立本，不知'流行'无新风。"所谓"不易"，是指不可改变的东西；所谓"流行"，是指应该改变的东西。简单解释就是"不知道亘古不变的事物就无法建立基础，不知道应该改变的事物就不会创新"。对于这个俳句有很多版本的解释。但重要的是：不可忘记永恒不变的事物的本质。同时必须接纳不断变化的新生的事物。这就是我所提倡的成为百年企业的第一个要点。

不管是不是老字号，我们从作为企业至少应该

"保留"的东西说起。通常被提及的有"商号""信条""门帘"这三点。这些是支撑企业的支柱。

第一是"屋号",也就是"公司名称"。

面向顾客和社会,从"品牌的认知"角度来看,公司名称是最好的牌匾。如果公司名称被民众熟知的话,只需凭借公司的名称就可以做生意。即使是能力一般的人,如果有一流企业的牌匾也能把生意做大。

从初代创业者开始使用的"○○公司",世代相传,就会受到其他公司的信赖。所以,在谈判时,即使不从头做自我介绍,交易也可以顺利推进。所以说,公司名称这一品牌是非常重要的。

但是,前一段时期曾有日本超一流的企业改变了商号。那就是"Panasonic 株式会社"。它原来的名称是"松下电器产业株式会社"。为了区分品牌,面向日本国内使用"National",面向国外使用"Panasonic"。但是,"松下""National""Panasonic"这三个名称被看作是各自独立的品牌,为了保持统一性,公司名称统一改为"Panasonic 株式会社",而且品牌名称也统一为"Panasonic"。

统一品牌的结果是，社会上对于"Panasonic"的认知度提高了。但是，更改公司名称的弊端是长时间构筑的"National"和"松下"的名称消失，我觉得这个损失更大。

第二是包含在家训和社训之内的所谓"信条"，也就是"规则"。

就像每一个家庭都有规矩一样，企业也一定有各自的规则。这个规则往往是根据创业者的思想、过去的失败经验等制定的。这个规则正是支撑公司内在的最本质的东西。

公司的规则严格的话，员工们也会成为严格的员工；公司的规则宽松的话，员工们也会变得懈怠。员工彻底遵循公司的规则，创业者的思想自然就会成为企业的伦理，成为公司的基础。此外，还有把家训作为企业伦理的，这是因为大多数老字号企业采用家族经营的模式。

为什么规则是必要的呢？作为企业，赚钱是重要的。问题是用什么方法赚，怎样赚。不能说只要赚钱就可以不择手段。对于这一点，很多日本企业都采用了近江商人的"三方受益"的经商哲学。

> - 卖方受益
> - 买方受益
> - 社会受益

简单概括为"做生意不能只考虑卖方的利益，还要让买方满意。更进一步，还要通过生意为当地的社会发展和社会福祉做出贡献"。

"三方受益"的经营哲学，是近江商人制定的一种经商规则，既是家训也是社训。类似这样反映创业者思想的、简单易懂、一语破的的规则还有很多。

第三是"门帘"，就是所谓经营权。

门帘是这家店铺或公司的基础。而一家公司的基础往往是由技术、组织、顾客还有品牌构成的。随着企业的持续发展，经验的积累，这些也在不断接受考验和洗礼。优秀职员可以"分享门帘"，就是开分店，分享技术、组织、顾客、品牌，来扩展生意。换言之，门帘是企业标识，"分享门帘"是特许经营。

通常门帘上印有公司的"LOGO"。LOGO是为了使顾客一眼就可以识别企业。比如，三个菱形马上可以想到"三菱"，圆形中有"越"字马上可以想到"三越（百货）"，被咬了一口的苹果毋庸置疑就是美国"苹果"。不需要文字说明，只要有 LOGO 就能让人明白。它既是招牌，又是一种广告，也是品牌。

不管是不是老字号企业，必须保留的都是支撑企业的"支柱"。如果更换公司名称，改变公司的基本方针，变换门帘等，就无法保证企业经营的连续性。因此，无论发生天灾，经历战争，还是改变行业，老字号企业都不会改变这些根本性的东西。

另外，老字号企业还会明确自己独特的"保留内容"。它或是建筑物，或是顾客，或是员工教育，各有不同。但是只有一点是相同的，那就是老字号具备的"心"。将这个真"心"世代传承的愿望是绝不会改变的。

◆ 家训是"只要积攒阴德，子孙就能繁荣"

去过京都的朋友应该看到过圆圈里写着"本家

西尾八桥"字样的招牌。本家西尾八桥以京都站为起点，扩展到东京站等日本全国主要车站。它是京都老字号中的老字号，创业于1689年，已经迎来了330周年。在京都有很多八桥店，但拥有300多年历史的本家西尾八桥是京都同行业中的翘楚。

在此介绍一下京都最具代表性的特产"八桥"的历史。有关京都特产"八桥"现在做成扇形，有两种说法。一个是《伊势物语》第九段"燕子花"的背景故事"三河国八桥"，另一个据说是源于古筝作曲家八桥检校。

"三河国八桥"的故事主要讲古时一位单亲母亲，辛苦抚养的孩子溺水而亡。这位母亲悲伤至极而皈依佛门。她固执地认为如果河面上有桥的话，自己的孩子就不会溺死，以至梦到了河面上架了八座桥。元禄时代的匠人被这个故事感动，制作了桥形点心并起名为"八桥"。

另一个传说是，创建了古筝八桥流派并且为古筝曲的发展做出杰出贡献的八桥检校，曾把硬煎饼的做法传授给茶店的店主。八桥检校去世之后，为了纪念他，就把硬煎饼做成了古筝的形状成了现在的"八桥"。

本家西尾八桥的家训是"只要积攒阴德，子孙就能繁荣"。所谓的阴德是指"不为人知地默默做善事"。这个家训至今仍然被遵守和传承。据说有个小故事可以充分体现家训的意义。

本家西尾八桥的上一任接班人年纪轻轻就离世了，现在继承家业的是上一任接班人的夫人。当夫人的孙女还是小学生的时候，有一年的2月14日，人们沉浸在情人节的氛围中。夫人在家休息时，听到供奉着祖先佛龛的房间有声响。夫人悄悄地靠近，从门缝里窥视，看到了小孙女一个人在房里。夫人想知道小孙女在做什么，所以悄悄地观察，只见小孙女在佛龛前，双掌合十，"爷爷，给你吃巧克力"，说完之后在佛龛前放了一块小小的巧克力。

上一任接班人是在孙女出生前离世的，她自然没有见过爷爷。夫人当时就想起了严格遵守家训，并且在日常生活中重视"积攒阴德"的丈夫。

"哦，这就是祖先们所说的'子孙繁荣'啊!"夫人再次加深了对家训的理解。

上小学的小女孩出于真心，自发地在祖先的佛龛前合掌。类似这样的事情，在当今的日本，是否依然存在呢？从这个小故事中我们可以了解到，本家西尾八桥的家训在职场，更在家里深深地扎下了根。

我认为"子孙繁荣"有两层意思：一是儿孙满堂，血脉的传承；二是承继血脉的子孙对先祖心存尊敬和感激。我觉得不光是本家西尾八桥，所有的家庭都应该重视和传承这一点。

◆ 坚守柴灶这一传统工艺的妙处

再讲一个关于"传承"的小故事。它发生在经营135年的日式点心店"中村轩"。

中村轩自创业以来一直使用柴灶制作点心馅。柴灶是京都方言，指日本传统的一种烧柴的炉灶。使用烧柴炉灶制作点心馅是很辛苦的。凌晨3点上班，4点之前必须生起柴火，接着煮红小豆，制作馅和点心，然后销售。营业结束后，还要清扫，会导致工作到很晚。周而复始，每天都重复繁重的劳动。

虽然这样的制作工序代代相传，但随着现代化技术的发展，以及中村轩的新店铺扩展计划的实施，现任店长决定将烧柴炉灶变为瓦斯炉灶。为了保持原味，中村轩保持相同的原材料，同样的制作工序和不变的员工，还特意用科学方法检测了烧柴炉灶的火力，选择了与之火力完全相同的瓦斯炉灶。改变炉灶后，员工的劳动强度变轻了，不必凌晨3点上班了，而且清扫工作也变得简单了。

店长和常年在中村轩工作的老员工，甚至老顾客，都感觉到了点心馅的味道有一点点变化。只是细微的不同，但是敏感的人还是能感觉到。考虑到已经投入了购买设备的资金，成本还没有回收，并且员工的工作环境得到了改善，店长没有提出还原传统工艺。在一次聚餐会上，店长的儿子低喃了一句"我想还原传统的柴灶"。这句话成为导火索，在场的所有人异口同声"我也这么想"。当大家找店长提建议时，店长问："那又得每天3点上班了，行吗？"尽管店长因担心而慎重确认，员工却一致回答没问题，辛苦一点儿根本不在话下。店长深受感动，当即决定重新启用传统的烧柴炉灶。

中村轩的故事给我们非常珍贵的启示。要保留支撑公司外表和内在的东西，中村轩保留的就是传统的设备。

但是这个故事的本质不是设备问题。柴灶丝毫不比瓦斯炉灶先进，"应该保留的"就是从内部支撑企业的匠人们的心声。

◆ 老字号企业"改变的东西"

应该"传承"的是"商号""信条""经营权"，以及老字号的"心"。那么，应该"改变"的是什么呢？

我认为改变的是除"商号""信条""经营权"以外的一切东西。应该传承的是保证公司持续发展的最低限度的东西。除此之外的，即使改变，也不会影响公司的存续。相反，不改变才是问题，因为因循守旧会导致企业破产。

例如，坚持20年前的"只在店铺销售"的营销方法，既不做公司网站，也不在网上销售，在时下的环境中店铺必将在数年之内落伍而遭淘汰。

业务内容也是同样的道理。比如，某公司坚持数十年专业生产一种产品，而且因其他公司做不了这种产品而自豪。但是，随着技术革新，忽然，同行都能制作出相同的产品，这时这家公司将何去何从呢？"绝对不会发生这样的事情"，抱这种想法的人，就太落后了。举一个实例，和伞（日式雨伞）在 1949 年生产了 1400 万把，但是从 2010 年开始，生产量骤降，此后不断接近于零。这是因为便宜的塑料伞抢占了市场。

如果想让公司持续发展，只生产单一产品的经营方式是很危险的。此外，宣传方法、作业方式、组织体系等，应该改变的东西还有很多。总之，用一句话概括就是"不改初心，改变形式"，把这条做到极致。

◆ 走向世界的老字号企业

具体介绍老字号企业"改变"的实例。其中就有 150 多年历史的老字号——京都和伞"日吉屋"的改变和创新。

和伞行业不仅是夕阳产业，实际上已经陷入绝境。为此，上一代店长曾经打算关门大吉。继承了日吉屋，并且突破困境、力挽狂澜的是现任店长西堀耕太郎。

西堀先生多年前与日吉屋店长的女儿恋爱，当时是在市政府工作的公务员。与日吉屋女儿的婚约，使西堀先生决定继承日吉屋成为第5代店长。决定成为第5代店长，一来是想维持夫人的家业，二来是他多次拜访日吉屋，被和伞的魅力所吸引。但是，无论和伞如何精致，只有和伞这个单一商品，公司已经没有出路。因此，日吉屋迫切需要"改变"。

西堀先生注意到和伞对光的影响。和伞是用和纸制作的，光穿过时，会呈现出柔和而清澈的光线。"如果用在照明灯具上，结果会如何呢?"这个一闪而过的灵感，成为日吉屋复活的生机。西堀先生开始着眼于海外市场，专程去室内装饰设计的大本营意大利米兰推销。其中虽然遭遇到很多困难，但是和纸产生的独特风格的光最终受到良好的评价。之后，又以出口再进口的方式，日吉屋的照明灯具在日本也拥有了很大的市场占有率。

西堀先生曾经这样说过："如果日本市场卖得不

好的话，放眼海外市场就行了。因为这是一个全球化的时代。和纸的照明灯具不是面向大众的产品，其市场是非常狭窄的。因此，只有放眼全球才能招揽客户，销售也才能形成一定规模。这就是利用全球化间隙市场。"

在一个地方一天只销售100个，那么拥有10处业务据点的话，一天就可以销售1000个。西堀先生接着说："如果没有客户，那么只好去寻找。只要寻找，就会有需求。"

现在也是老字号走向世界的时代。很多老字号有一个共通之处，嫡系的继承人擅长"守"，外来的继承人擅长"攻"。我认为，这是有没有"血缘关系"的差别。

◆ 改变常年传承的汤汁

再谈谈在京都几乎无人不知的有名的料亭——经营400年①的"南禅寺 瓢亭"的故事。

---

① 创业400年是从最初的茶店时代开始计算。成为餐馆是天保八年（1837年）8月15日。

在瓢亭，现任店长高桥英一继承家业时进行的改革，是改变"汤汁"。这让所有人都惊呼"不可思议"！即使不是厨师，也知道料理的根本就是"汤汁"。改变常年守护的味道，毫不夸张地说，这是一次非同一般的尝试。为此我曾经直接访问过高桥先生。

"人的感觉是会变的。100年前，对于当时的日本人来说也许是最美味的汤汁。但是，对于现代日本人来说，味道太淡了。为了迎合现代日本人的口味，所以改变了汤汁。"接着高桥先生又告诉我："打个比方，眼前有一个围栏，围栏的内侧是从古至今的传统，外侧是现实情况。如果身处内侧，可能会感到安心。但是如果一直安于现状，终会衰退。如果跨越围栏，那么至今为止的传统，对于我们来说就是瓢亭'风格'就会丧失。所以，只能跨出半步，右脚在内侧，左脚在外侧。"

这就是有着400年历史的老字号企业的思维方式。"因为是上一代的决定"，"因为是老板的决定"，所以墨守成规。这样一来，衰退也就自然而然地开始了。为顾客着想，追求更高的品质目标，这就是企业持续生存的秘诀。

◆ 新的价值创造与网络技术的融合

谈到"改变"的话题，经营100多年的八代目仪兵卫是不可忽略的。据说八代目仪兵卫的现任店长桥本隆志还是孩子的时候，就感觉到"大米的价值已经跌落到了谷底"。一直到他成为店长后，仍然没有改变这个认识。为此桥本先生做出了以下两个决断。

> 其一，提高大米的价值。
> 其二，终止大米的店铺销售方式。

为了提高大米的价值，桥本先生思考了各种对策。原本大米是被当作"金钱"使用的。江户时代的石高制①就是代表。如今已经没有这回事儿了。那

① 不按面积而按法定标准大米收获量来表示（或逆算）封地或份地面积的制度。

么，怎么做才可以让人们像过去一样重视大米呢？桥本先生日思夜想，终于在某一天，想到了可以把大米作为"礼品"。日本从古至今就有赠送礼物的文化，对帮助过自己的人赠送礼品，对贺礼等回赠礼品等，借助这些文化习俗，或许可以使大米的价值复活。

米寿（八十八）贺礼、还历（六十）贺礼、出生贺礼、结婚贺礼……通过数不清的各种祝福贺礼，再次唤醒沉眠在日本人感性世界深层的对于"大米"的信赖，把这种信赖变为具体的形式。就这样，八代目仪兵卫创造了一个巨大的商机。

对于"礼品"有很多讲究。最受欢迎的是不注重产地和品种，可以搭配各种菜肴，适合做粥、红豆饭、糯米小豆饭或寿司等12种料理的大米套餐"十二单系列"。每一种都用色彩丰富的日式绸布包装，味道和品质自不必说，只看商品的外观就能让人感觉到京都韵味。日本很多艺人、名人都纷纷下单订货。

终止店铺销售。桥本先生认为顾客来店买米，把分量很重的大米带回家，这对于顾客是一种很大的负担。于是开发送货上门的服务。导入送货上门服务，终止店铺销售也就水到渠成了。这样大大减轻了顾客的负担，也照顾到了顾客光顾八代目仪兵卫的消费感受。

八代目仪兵卫连续 3 年在乐天市场（日本最大电子商店平台）的馈赠礼品人气排名中位列第一。这就是适应时代潮流，从米店销售转型为网络销售，改变观念的极好证明。

这个时代已经不区分行业种类，更注重思考经营形态。米店的竞争对手不是米店，书店的竞争对手不是书店，这样的时代来到了。吸收不同行业的成功方法，改变自身的经营形态，已经是大势所趋。

东方出版社
The Oriental Press

稻盛和夫 项目组 作品汇集

—— 2023.04 ——

我的履历书

"我的履历书"是《日本经济新闻》极具影响力的文化传记栏目，曾被《读卖新闻》誉为"时代的见证人"。该栏目于创于 1956 年，内容为世界杰出经营者和各界精英亲自撰写的成长经历，执笔者中有许多中国读者耳熟能详的"日本经营之圣"松下幸之助、稻盛和夫、本田宗一郎等。

2023 新书

松下幸之助 自传

2023 新书

大桥洋治 自传

2023 新书

本田宗一郎 自传

2023 新书

小仓昌男 自传

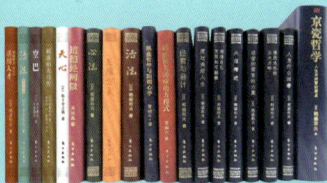

口袋书

口袋书系均为重点作者的代表作，更是深受读者喜爱的内容。用料考究，精心甄选高级皮革封面，典雅大气，长久如新。手掌大小，方便随时阅读，自己收藏，馈赠亲朋的佳品。

稻盛和夫、松下幸之助小型精装版（尺寸 130*185mm）

扫描二维码
关注活法百万粉丝公众号
分享活法 自利利他
电话（微信）：18613361688

扫描二维码
了解"稻盛和夫专题"

《漫画稻盛和夫领导者的资质》

理解稻盛哲学和经营实学的入门书、突破领导困境的指南、打造优质领导的成功心法。

《漫画稻盛和夫的哲学》

《活法》漫画版。理解稻盛哲学和经营实学的入门书、改变年轻人"心"思维方式的成长之书

2023 新书

《经营之心：助力企业的"心"领导》

近几年，我们的生活方式、工作方式都发生了很大变化，许多企业也受到强烈冲击，甚至影响未来的存续。在这场严峻的考验面前，企业怎么办？谁才有机会活下来？日本"经营之圣"稻盛和夫有答案。

《阿米巴经营导入手册》

以引进阿米巴经营的三家企业为例，阐释何谓阿米巴经营、该如何引进和运用、导入前后发生的何种变化，清楚勾勒出阿米巴经营导入的路径。

《心与活法》

稻盛和夫用丰富的人生和企业经营经历阐释何谓"心态决定命运"。全书分为三部分：度过美好人生，心与经营，人生哲学是我的精神支柱。强调心态一改天地宽，改变心态不仅可以重塑自己，也可以决定事态的发展。领导人必读。

《思维方式》

所谓"思维方式"就是我们所持有的思想、哲学，或称为理念、信念也可用人生观、人格表示，也可称为"人生态度"。稻盛和夫坚持作为人应该有正面的"思维方式"的哲学，从而追求人的无限的可能性。

2023 新书

《松下幸之助自传》（我的履历书）

"日本经营之神"松下幸之助亲笔撰写，完整讲述其成长经历、创业和守业历程。本书鲜活呈现松下幸之助不同时期的生命状态，从日常点滴中探究一位伟大企业家的经营和人生智慧。

2023 新书

《大桥洋治自传》（我的履历书）

全日空社长亲笔撰写，讲述忠于一业，坚守梦想，从普通职员成长为世界 500 强企业社长的心路历程，阐释职场奋斗者该有的思维方式和活法，以获得幸福人生。

《稻盛和夫自传》（我的履历书）

稻盛和夫亲笔撰写的唯一传记。由曹寓刚和曹岫云共同全新翻译。全书以稻盛和夫的人生经历完整再现稻盛哲学，思维方式决定人生，京瓷阿米巴的生成路径。

（平装） （精装）

第三章

企业存续的秘诀 2
经营者揭示未来的目标,
为了达成目标亲自培养所需人才

【培养继承人】

◆ 让企业存续的理由

企业存续的好处有三个：一是品牌的形成，二是人才的培养，三是社会的贡献。

先来说"品牌的形成"。企业的品牌就是企业的信用。"只要是这家公司的产品就不会出错""只要使用这家公司的产品就不会有问题"，这就是品牌的作用。最能说清这个道理的就是时尚服饰行业。

拿香奈儿的包，戴古驰的手表，佩爱马仕的首饰。这些都证明公司名称就具备信用的力量。这些公司的产品就是时尚，就会提升自己的品位。即使是完全相同的高质量的产品，如果没有品牌，没有公司名称的话，就没人注意。即使有同样的实用价值，也不被认可。这就是品牌效应。

品牌创立的时间，5 年优于 1 年，10 年优于 5 年，20 年优于 10 年……以此类推，时间越长，品牌的价值就越高。那么，这个品牌价值提升后，会产生怎样的效应呢？

品牌价值提升到极致时，就不再需要宣传，也用不着降价，所有一切只要通过品牌名称，就能决定胜负。这种情况，不局限于服饰行业，适用于所有行业。

开展新业务、开拓新领域的时候，为了吸引优秀人才，品牌的力量也可以起到很大的作用。以上是企业长期存续的第一个好处。

接下来说"人才的培养"。这其实是一个关系新员工和老员工哪一方可以给公司带来更多利润的问题。出类拔萃的新员工虽然也可以创造突出的业绩，但是大多数情况下还是老员工带来的利润更多。这是因为老员工在多年的工作中积累了丰富的经验。

因此，企业存续的年数就成为重要的因素。创业初期当然没有经验丰富的员工，所有员工都处在一边工作一边摸索的状态。随着企业的持续发展，经验丰富的老员工逐渐被培养起来，因而公司的利润也越来越多。另外，老员工还可以培养晚辈和新员工。而员工的力量，就是公司的力量。

第三点"社会的贡献"。简单地说就是企业存续的时间越长，企业所在地区就受益越多。先是税金，公司法人税是地方行政中很大的一笔收入。还有，雇用当地居民可以拓宽当地就业渠道，企业员工购买商品以及就餐等行为可以为当地经济注入活力。

企业存续的时间越长，对地区的贡献就越大，获得的信赖就会越多，新业务增加的可能性也会更大。

相反，如果公司倒闭的话又会出现什么状况呢？一家公司倒闭的话，不仅对地区的贡献降为零，而且会产生负面影响。例如，解除雇佣关系，会导致流向地区的资金减少，行政收入也没有了。如果企业背负债务的话，还会给很多相关公司带来损失。另外，不得不解雇员工。至今积累的经验和信息全部流失。对于一直喜欢该企业的人来说，是一种背叛。当然，品牌的价值也丧失殆尽。也许，当中有魅力的部分会被其他公司收购。但是，那已经不是自己的品牌了。这就是企业破产的后果。

因此，作为经营者，必须让自己的公司持续生存。这不只是你一个人的问题。作为继承人，必须有这样的觉悟。

◆ 让企业存续 100 年的第 4 代

本书的目的是"让您的公司存续 100 年"。那么让我们来探讨一下，持续 100 年到底需要几代人？

企业迎来第 100 年的话，至少需要 4 代经营者。哪怕创业者创业时非常年轻，至少也是 20 岁后半段至 30 岁前半段。从那时开始，作为现役经营者奋斗 40 年，距离 100 年还有 60 年的时间。即使很快确定继承人，继承人也得是 30 岁后半段到 40 岁。继承人从这个时候作为经营者，开始努力奋斗 30 年的话，还剩 30 年的时间。再次确立继承人，工作 30 年后才会迎来 100 年。

但是，实际上连续 30 年担任现役经营者，是一件很困难的事情。认真思考的话，有计划地培养第 4 代接班人，是比较现实的选择，也更为妥当。

为什么必须培养继承人？从这里就可以看出来，换句话说，就算公司老板是"超人"，也不可能工作 100 年。虽然企业的组织结构、工作规范等技术性的问题很重要，但更重要的是"让公司存续"的强烈意志必须代代传承，否则，公司就会倒闭。

老字号培养继承人的方法其实很简单，那就是

"让他看着自己的背影成长"。毫不夸张地说，除此之外别无他法。

一般来说，为了培养继承人，可以给他提供优越的学习环境，让他上大学，读研究生，去海外留学，上 MBA……一般人认为这些都很必要。但是，我断言，这些都不是必要的。

确实，通过在学校的学习，吸收最先进的技术和理论是重要的。但更重要的是扎扎实实地继承"心和魂"这类眼睛看不到的东西。

那么，怎样做才能够继承这些眼睛看不到的东西呢？就是"看着父辈的背影"。在日常生活、工作中，继承人亲眼目睹父辈对理念的毫不动摇的坚持，对事业的踏实认真的劲头，并牢牢记在心头，是非常重要的。

常有人说"第 3 代把公司搞垮"。原因就在于经营者没有让第 3 代接班人看到自己以身作则的姿态。

创业者废寝忘食、兢兢业业地努力奋斗，在某种程度上打下了公司的基石。在这个过程中，一定伴随着泪水和辛劳。

第 2 代接班人会看到创业者的辛苦。父亲工作太忙，无暇参加孩子学校的运动会。但是，孩子看着为了家人辛勤劳作的父辈的背影，在感觉一丝寂寞的同时，对父亲的感谢和尊敬之情就会油然而生。

当这个孩子继承家业时，第 3 代的继承人差不多也就出生了。此时才是关键。创业者和第 2 代如何对待这个第 3 代，这是公司传承上非常重要的问题。这不是单纯的溺爱不溺爱的问题。

第 2 代继承人在孩提时代就切身感受到创业者的艰辛。但是，第 3 代继承人如何呢？父辈勤恳工作的样子，有时低头鞠躬，有时大声斥责，这样的情景，第 3 代有机会看到吗？如果即刻答复"有"那就不必担心，这个孙辈将来一定会将公司发扬光大。问题是不能即刻肯定地回答。

很多中小企业的住所和职场混在一起。第 3 代问题的关键在于：第 2 代在结婚的同时，就会从老家搬出去开始独立生活。离开老家后，职场和住所就分开了，所以第 3 代的心灵就难以在之前的环境中得到培育。

看不到父辈为了家族拼命工作的背影，继承家业的意欲就难以得到培养。第 3 代，对第 2 代的父母和创业者的祖父母，充满感谢与尊敬之情，才是继承家业必不可缺的要素。

缺乏这份感谢和尊敬，第3代就会觉得金钱是无限的，自己可以任意支配。一旦出现这种状况就无可救药了。公司就会被第3代毁掉。所谓的"傻少爷"就横空出世。

这么说也许有点偏激。但是，事实上这样的企业并不少见。"我家可不是这样"，但是在你的近邻、一般工薪族、公司员工的眼里，就是这么回事儿。

这不仅仅是第3代的问题。公司的经营者在既有钱又有闲的那个瞬间，把工作丢给部下，开豪车，打高尔夫，通宵达旦地忙于交际。这样的话，第2代就出现颓势，也不为怪。

◆ 父辈的"背影教育"

老字号培养继承人，有必要采取"背影教育"的方法。就是让继承者看着自己的背影成长。为此，需要做到以下两点。只要做好这两点，继承人自然就能成长。

> 第一，明确理念。
>
> 第二，遵照理念采取行动。

如果已经有家训或社训，就要将其作为理念认真执行。如果没有的话，就要尽快制定。制定方法并没有规律可循。但一般是将创业者的思想、教诲加以提炼，并做到尽可能简单易懂，使大家都可以把它作为事物的判断基准。

更重要的是第二条，遵照理念采取行动。这一条不限于工作，还适用于家庭、社会。无论身处何地，都要时刻用心，根据理念采取行动。

将"堂堂正正"作为理念，但在游乐园与孩子玩耍时却违反规则去插队；将"清洁"作为理念，但在家里却从不帮助打扫；将"善良"作为理念，却不去帮助有困难的人。继承人是看着你的背影成长的，你这么做，就已经把作为创业者的理念丢得精光。

一有机会我就会讲一句话，那就是："哪怕儿子是笨蛋，也要让他继承。"前面曾讲过，作为继承人最重要的是，接受和继承眼睛看不到的"心和魂"。从这点上讲，让自己的孩子继承事业是最好的选择。从孩子出生到继承公司，最少有 20 多年的时间孩子是同你一起度过的。从日常生活开始，只要按照理念行动，即使什么都不说，孩子自然就会继承你的"灵魂"。

无论多么优秀的朋友或者部下，都不会和你一起生活 20 年。即使和你一起生活 20 年，等到作为你的继承人时，这些朋友或部下年龄也应该很大了。这么说来，把自己的孩子作为继承人是最合适的选择。只要继承了你的"灵魂"，就算孩子不够聪明也没有关系，经营的技巧可以以后学习，也可以通过雇用周围的优秀人才等来帮助解决这一问题。

主观上是否意识到这一点，很难判断，但事实上，很多老字号都是三四代生活在一起。同时，不把职场和住所分开，将职场和住所的地点保持一致。

职场和住所在一起的话，耳濡目染，孩子们在孩童时代就可以学到很多东西。看到父辈如何褒奖员工，又如何训斥员工；看到父辈对顾客如何恭敬低头，又如何让供货商恭敬低头。这样，慢慢就会意识到，自己也必须站在同样的立场，即使心里不太情愿。这就是培育继承人的方法。

◆ 为了避免骨肉相争

如果有两个以上的孩子的话，应该如何选择继承人呢？关于这一点我列举老字号的实例来做说明。下面是发生在京都老字号帆布店的事例。

这家老字号有兄弟四人。前任会长去世后，他的遗书被公开。内容为公司 67% 的股份留给当时就任社长的三儿子，33% 留给四儿子，银行存款绝大部分都留给大儿子（二儿子当时已去世）。但是，遗书被公开仅 4 个月后，大儿子又拿出了另一份遗书，据说是老会长生前写给他的。内容却是公司股份的80% 留给大儿子，剩余的 20% 留给四儿子。

从此开始，就上演了真正的"骨肉相争"的大戏。双方都说对方的遗书是无效的，为此对簿公堂，事情越弄越大，电视台和杂志等媒体也竞相报道。

关于内幕详情在此按下不说。作为经营者，谁也不想在自己死后，自己的孩子们为争遗产而闹到法庭。为此，遗产的分配和继承人的确定，事先都必须明确，一定要注意避免出现上述的情况。

接着再介绍一下老字号是如何确定继承人的。先来看一下经营了307年的堀金箔粉。堀金箔粉有"一人干一业"的教诲。意思是，兄弟人数多的情况下，只确定一个继承人，其余的孩子都要去从事其他行业的工作。

根据这个教诲，上一代为了选择继承人，让两个儿子从小就在家里帮忙。从清扫等简单的工作开始，然后循序渐进，最后把回收赊销货款的工作也交给他们。这些工作其实是为了确定继承人而布置的。经过多年的观察，上一代认为，与哥哥相比，弟弟的资质更高。有一天召集了两兄弟，明确宣布"继承人确定为弟弟。哥哥可以选择自己喜欢的事，去寻找适合自己的工作。弟弟作为下一代继承人，就在我手下工作"。

由于从小就有很多协助家业的经验，哥哥也感觉到弟弟比自己更适合继承家业，而且由于对"一人干一业"的教诲有很深的理解，所以在选择继承人方面没有发生什么问题。

再介绍一个实例。拥有442年历史的京都老字号料亭"平八茶屋"的社长有两个儿子。他认为长子会继承家业，但是口头上却从没有表达过。长子在大学四年级的春天，突然通知家人，他要参加求职活动。为此，社长才和长子谈到今后人生安排的问题。当时社长是这么说的："如果你不想继承家业的话，那么就让弟弟来继承。不过，因此就不会给你留下任何东西。下面就请你自己决定。"

长子从幼时就有"继承家业"的意识，但是对于要在家长事先"铺设好的轨道"上前行，他有抵触情绪。因此故意去参加求职活动，但父亲这一番话让他产生了动摇。在求职活动中，他选择了能够帮助经营者积累经验的行业，以食材和经营咨询行业为中心选择工作。面试通过了，求职活动很顺利，但他也越来越烦恼。

有一天，长子突然想到了儿时的情景。在他很小的时候，家里总是弥漫着汤汁的香味，耳边响起菜刀切菜的声音，还有客人的笑声。烦恼之余，长子终于做了决断，"自己继承家业"，并告诉父亲说："我决定继承。为此，请您给我介绍修学的店铺。"

平八茶屋对孩子从不强制，而是让孩子自己来下决心。很多的老字号都采用相同的方法。父辈们"继承！继承！"说得越多，子孙们敬而远之的可能性越高。平八茶屋的次子如今在东京从事经营顾问的工作，做得有声有色，但和平八茶屋毫无关联。

◆ 支撑老字号企业的"超家族经营"

我想在此稍加说明老字号的经营方法。中小企业的经营大多是"家族经营"。这种家族经营的优点是决策迅速，缺点是公私混同和无计划。

老板如果说"YES"的话，公司全体都会按照"YES"的方向行动，决策非常迅速。因为是以老板为首的纵型机制，所以没有议案和会议等。因此，可以应对各种各样的订单。

但是，经营容易出现不细算收支的笼统账和公私不分的情况。公司销售款用于家庭消费，公司的储备金挪用于生活资金等，会计上类似的问题很多。此外，家族经营很少会制定1年、3年、5年的经营计划，换句话说，做一天和尚撞一天钟，只顾眼前的生活。

这种家族经营会衍生两大问题。一个是，与业务交易方之间的信赖关系崩塌的可能性很大。近来，对于合规，也就是企业遵守法规、遵守一般常识的意识越来越受重视。如果业务交易方也是家族经营的话，也许没有问题。但是，如果想和大公司或者政府部门建立业务关系，那就很困难。没有哪个公司或者政府部门愿意冒着风险，去和一个财务上可能出问题的家族企业做交易。

另一个是，无法培养正直的继承人。既不能给孩子"明确的目标"，又不能以身作则，给孩子树立"正确的榜样"。在这种环境中，即使经营状况良好，即使积累了财产，恐怕孩子成为前面提及的"傻少爷"的概率还会很高。

针对这种状况，相同规模的老字号企业选择了家族经营进化型的"'超'家族经营"方式。其实就是保留了迅速决策的优点，同时排除了两个缺点的经营方法。

第一，家庭和企业的会计必须明确区分，严格遵守家训或社训。绝对避免"今晚的晚餐用公司的钱来买"这类事情。这也与前面提到的以身作则的"背影教育"一致。

第二，是关于公司计划。这是老字号企业把"持续"列为经营的重要目的之一。因此，经常要判断30年后会怎样，据此采取行动。无计划经营是绝对不可以的。揭示公司长期的目标，为了达成目标有计划地培养人才，培育继承人。

【培养公司员工】
◆ 员工是家族的一员

前面我讲述了有关培养继承人的问题，接下来想说一说关于培养共同支撑公司的员工的问题。

先要考虑的是，把员工看作什么？员工是一种单纯的成本呢，还是共同努力、促使公司繁荣的财富呢？定位不同，培养员工的方式也大相径庭。

如果作为成本来考虑的话，只要驱使员工卖命工作，等员工疲惫得干不动时，换人就行。但是，如果把员工作为伙伴，作为公司的财富的话，那就请借鉴老字号企业的育人方法。老字号企业教育员工的方法与家庭的育儿方法相同。先是母亲的爱，后是父亲的严，再加上兄弟间的乐。母亲的爱是亲切温暖的。无论什么工作都有要求严格的一面，但先要用亲切温暖的态度与员工接触，否则，无法培养出优秀的员工。

如果一开始就严厉的话，就无法培育员工关心企业的精神。这和培养孩子是一样的。在幼儿期，如果父母的关爱不足，孩子在成长过程中，就不会懂得家庭的温暖和亲人间的感情，也不会爱护家人。刚进公司的新人看起来是成人，但是对于公司来说还只是孩子。给予什么都不会的新人亲切细致的指导，让其对公司产生好感，这是至关重要的。"这是一个好公司，我要报恩。" 只要员工有了这种感情，自然而然就能培养出能够支撑公司发展的 "中流砥柱"。无论何事，如果缺乏正面情绪，就不可能持久。

亲切教导的时期过去之后，接下来就要严格要求了。学会初步的一套工作之后，下面的目标就是提高一个档次。到了这个时期就需要严格要求了，这也和教育孩子是一样的，必须明确冒风险的事情，做事的原则，基本的礼仪等。

最后，就是体会乐趣，这个环节要与严格教育同时进行。如果完成了高难度的工作，谁都会感觉愉悦。这样自然就会追求更高的目标。如果员工到了自发提高的阶段，就不会离开公司了。

◆ 让员工做四件事：思考、发言、行动、反省

还有促使员工进一步成长的方法，那就是"四让"：让他思考、让他发言、让他行动、让他反省。经营者为了让员工做到"四让"，需要营造合适的环境。此外，这四条也是前面提到的把严格变成乐趣的契机。

第一是"让他思考"。自己面临的课题，怎么去解决？员工自己思考寻找答案，这是非常重要的。请教前辈或者上司，也许马上就会有答案，但是，这么做无法培养独立思考能力。如果不是"只要有按照上司指示行事的员工就行"的话，就必须训练员工独立思考的能力。

因为员工在工作过程中，一定会遇到以前从未遇到过的新问题。比如，现在 50 岁的人，在 20 岁的时候是否具备关于计算机方面的知识呢？除非是特别的专业人员，应该是不具备。因为 30 年前计算机还没有普及。但是现在完全不同。无论什么职业，掌握最低限度的计算机技术已成为基本要求。这时，员工有没有思考能力的差别就表现出来了。公司有两种人：一种人认为，"已经上了年纪，学不会计算机了"；另一种人觉得，"自己买书学习，怎么也得学会使用计算机"。他们的区别就在于"思考能力"的差别。无论面对什么问题，都要自己思考，自己解答，或者找到假设，这样的员工非常可贵。

第二是"让他发言"。难得来了好点子，如果不让员工发言，那就导致"宝贝烂在心里"了。"让他发言"关键是营造一个让人畅所欲言的环境。再好的点子，如果经营者或者上司根本不肯听的话，也变得毫无意义。经营者或者上司无意倾听，员工就会变得沉默。有无向经营者和上司提意见的环境，是非常重要的。

早先曾有一则新闻备受关注。日本具有代表性的大公司夏普在公司内部开展了一项"改称呼运动"。内容是取消了对科长、部长、社长等职务的称呼，改为在姓的后面加上表示尊称的"桑"。实施这一项制度是为了让普通员工在上司面前可以轻松发表意见。为什么夏普会导入这项制度呢？这是缘于夏普对在液晶显示领域拓展业务失败的反省。当时公司大举进入了社长最重视的液晶显示领域。越是深入现场，就越发现夏普在液晶显示领域没有胜算。但是尽管判断正确，却没有人向社长提出建议，随着计划的推进，夏普遭受了巨大的损失。没有发言的机会是原因之一，但是最大的问题是没有向社长进言的环境，所以夏普导入了这一制度。

第三是"让他行动"。让他思考，让他发言，接着就必须让他行动。至于行动的结果如何，是成功还是失败，只有让他行动之后，才能明白。

但是，这时候不能把责任强加给员工，因为归根结底是"让他"行动。如果失败的话，谁该负责呢？应该是员工的上司或者是公司的经营者。这一点经营者必须认识清楚。

经常看到发生舞弊事件的公司在记者会上，公司负责人会说"现场的应对不当……""认知的差错……"等，那不是公司领导人应有的姿态。开展事业最终责任全在公司领导人，全在经营者。不能认识这一点，就没有资格成为经营者。

第四是"让他反省"。无论成功或失败，都有让他反省的必要。或许有人会质疑，成功了还要反省？正因为成功，才必须让他思考为什么会成功。不分析成功原因的话，今后遇到同样的问题，就不明白上次为什么成功。不但要防止这样的事情发生，还必须把成功经验运用到其他方面。各人对于成功事例、失败事例的反省结果，在公司内部共同分享，还可以促成全体员工提升水平。

◆ 给经营者·管理者的训诫

在员工教育问题上，经营者以及管理者有几个必须注意的事项。那就是"不可凭感情发言""不可依好恶判断""不可样样都教"三项。

首先，掺杂感情的发言是最要不得的。经营者和管理者也有情绪烦躁的时候。但是，如果把自己的负面情绪发泄到比自己级别低的员工身上，是违反做人原则的。另外，虽然部下在工作中遭遇重大失败，的确是让人恼火的事情。但是，前面也曾提到过，失败的责任应该由经营者和管理者来承担。公司里级别高的人在传递意见，目的是让部下反省，基于明确的理念来阐述意见。

"我们公司有○○这条基本原则。对照这一原则，因为你的意见是△△，所以我不能赞同。"如果不这样做的话，部下不会反省，反而会有"今天老板的心情不好啊"的想法，那么批评教育就失去了意义。当然对于违反常识的错误，可以狠狠地斥责。

其次，不可根据好恶判断事物。与上面的感情用事相似，社长或者经营者不可以按照自己的喜好进行判断。比如，社长很讨厌一家公司，部下建议与这家公司做生意时，虽然与之合作可能获利，但是遭到社长反对的可能性很大。对"人"也一样，如果是 A 的提议就没问题，但是 B 提出的话就不接受，这样的行为也属于根据好恶判断。

最后，就是不可以样样都教，面面俱到。这里不是指不可以教授经营秘密。经营者或管理者对于业务和交涉方法讲得过多，就会让员工丧失自主意识。

看到部下不安的情绪，的确会有"与其交给这个家伙，还不如我自己做"的想法。但是，如果要培养员工，必须按捺住这种情绪。

如果习惯了凡事都按经营者的指示行事，员工将丧失独立解决课题的能力。"自己什么都不做，领导也会给出答案"，员工如果这么想的话，只会成为"等候指示"的人。因此，重要的是让员工自己去做。

◆ 支撑老字号企业发展的员工

我来具体介绍老字号企业实际上是如何培养员工的，有了哪些成果。

前面介绍了培养继承人的平八茶屋，他们对员工的培养很用心。让我印象深刻的是，向所有员工公布作为公司经营基础的经营计划书。从 30 年前开始制定经营计划书到现在，年年都是如此。公司所有员工共享经营计划书，员工中就产生出一种意识，那就是"经营者意识"。公司当下以什么为目标，力量放在哪里，目前面临的问题是什么，这些内容全员共享的话，大家都能自主定位，按照各自的目标，分别采取行动。员工都主动行动，那么公司的营业额就会上升，对客人的服务质量就会提高，员工个人的品格也会得到提升。

此外，这种经营者意识会使日常业务中的各种开支得以削减。随时关灯，不让自来水白白流失，调节好空调温度……经营者和管理者努力想实现的杜绝浪费，由员工自发地实现了。

接着再举例介绍，社长如何向现场的员工传递公司的发展目标。

经营 188 年的本田味噌本店一贯奉行品质第一主义，同时在提高每一个员工的工作品质上也下了很大的功夫。不单单是制造部门，营业员在接电话时也有品质要求，总务换灯泡时也有品质要求，会计做账分科目时也有品质要求。因此，指示所有员工，都要把自己的部门看作直接部门，都要提高各自工作的品质。特别值得关注的是社长亲自向每位员工发出指示。每个月，公司都会召集在当月过生日的员工聚餐，在几个人规模的场合，公司的目标、社长的想法、每一位员工的任务，都会由社长亲自说明。同时，社长也会询问每位员工的想法。通过这样的形式，社长可以把自己的想法告诉每个人，员工也能够把自己的意见直接告诉社长。这样，"品质第一主义"就成了全公司共同的目标。

最后介绍一个培养员工直接成为营业策略的老字号企业。它就是经营 1200 多年的"传来工房"。它培养员工的成果是，让传来工房的营业成为不进行任何推广活动的"营业"。我想先来简单介绍一下传来工房的历史。

传来工房始于平安时代。弘法大师从唐朝回国时，把掌握最先进的青铜铸造的技术人员带回了日本。为了传承这项技术，在京都的葛野建立了铸造技术集团"传来"。后来，掌握了最高技术的最优秀的弟子继承了"传来"，并且一直传承至今，成为现在的传来工房。

拥有这样悠久历史的传来工房，现在进行彻底的"环境整备"，这一举措本身就是营业活动。

礼仪、规则、清洁、整顿、安全、卫生这六条规则，彻底贯彻于新入职员工的教育中，在此基础上又加上了"5S"和"3定"。

有关"5S"，从事过制造业和服务业等行业的人应该听说过。

整理：扔掉不需要的东西

整顿：规定的物品必须放在规定的场所，
　　　保持随时可以取出的状态

清扫：经常清扫，保持现场的清洁

清洁：维持3S（整理、整顿、清扫）的
　　　状态

教养：养成严格遵守规则、秩序的习惯

这五个词语的日语发音的首字母都是S，所以简称"5S"。这些虽然是小孩子都可以做到的简单的事，但被传来工房认真彻底地执行着。从办公桌、走廊、厕所到作业工厂，都彻底执行"5S"。

"3定"教育，就是"固定的位置（定位置）、固定的物品（定品）、固定的数量（定量）"，它是在整理、整顿的基础之上形成的。

为什么"环境整备"就能够成为该公司的营业活动呢？这缘于该公司提供的工厂参观服务。我曾经多次去参观，每次去都十分感动。整齐干净的办公室，让人心情愉悦的问候，细微之处的规则给人留下深刻印象。虽然设备有些陈旧，但是只要去参观过一次，你就会有"这家公司值得信赖"的直觉。如果明白这一点，就算多花一些费用也愿意把业务委托给传来工房。这样的话，什么都不用说，订单就会源源不断地来，自然也就不需要开展营业活动了。

开始实施这样的"环境整备"是从现任社长开始的。他看到其他公司的环境整备活动，希望自己的公司也可以导入。最初，社长以身作则，带着长手套，拿着长刷子打扫厕所。虽然想到"好脏啊"都没法进到厕所里，但是在每天清扫的时候，"还要再干净一些"的想法越来越强，于是社长把刷子柄取下，直接握住刷子头一点一点刷便桶。为了确认是否刷干净了，他还脱掉手套直接用手确认。

"我通过打扫厕所有一种感悟。那就是我洗刷的不是厕所，而是自己的心。"社长开始清扫时，公司员工也陆续开始帮忙，一年之后全体员工都主动参加清扫活动。此后清扫的时间成为工作时间，每天15分钟清扫时间公司照样支付工资，公司内部的环境整备也顺利展开。"宝贵的工作时间不能用在这种事上"，这是营业人员最初的态度。但看到环境整备引发了顾客的共鸣，他们现在对清扫活动也投入了更高的热情。

第四章

企业存续的秘诀 3
卖方受益，买方受益，
社会更加受益

◆ "三方受益"胜过"双赢"

我在此重申一下近江商人的"三方受益"。近江商人是指现在的滋贺县出身的商人，主要活跃在镰仓时代至昭和初期。他们最初的活动范围集中在京都和大阪等邻近地区，随着逐渐扩展活动范围，到了江户时代，扩展到了北起北海道南到越南和泰国等地。近江商人的经营思想的中心就是"三方受益"。

> · 卖方受益
>
> · 买方受益
>
> · 社会受益

"三方受益"思想源于石门心学的创始人石田梅岩的名言，"真正的商人应该考虑让对方获利，自己也受益"，这句话告诉我们"优先为对方着想，自己也能在这一过程中获利。这是正确的思维方式"。

这个观点胜过了生意场上常说的"双赢"的关系。"双赢"是以照顾到当事人两方的利益为目的，但是"三方受益"不仅是让卖方和买方满足，还要追求更高的让社会满足的目标。

在市场竞争中，"双赢"先讲的是我方利益，然后才是业务合作方利益。但是"三方受益"讲的是买方受益，社会受益，结果卖方也受益。把"我方"放在最后，蕴含重大的意义。

"买方"的满足是得到自己想要的东西，"卖方"的满足是产品产生了利润。那么，"社会受益"是指什么呢？我认为，这是关系到近江商人生意形态的重要一项。

近江商人大多走出近江本地去日本各地做生意。当时的商人很少走出自己的家乡，基本的经济活动都在当地完成，与其他地域的交流不活跃，也没有人才的往来。因此在其他地区做生意的近江商人，会被当地人看作"争夺当地利益的外来人"，例如至今还留有"近江小偷伊势乞丐"的说法。这是"今天赚钱今天花光"的江户人，对在江户做生意的近江商人以及伊势商人的掺杂嫉妒的骂人话。近江商人依靠商业能力创造财富被称作"小偷"，伊势商人通过节约积攒财富被称作"乞丐"。

近江商人开始意识到，不能仅仅让买卖双方满意，还要采取行动，获得生意所在地区的认可，赢得"近江那是一个好地方啊"的口碑。比如，做营业的，要提供让对方高兴的信息，就是现在比较流行的咨询服务式的营业。由此"社会受益"的理念就产生了。

具体来说，究竟什么是"社会受益"呢？就是为某地区做贡献。大的方面有治水治山、设立学校、建图书馆等。小的方面有为图书馆提供藏书、参加地区的清扫活动等。此外，地区以外，还有另一个社会。那就是公司内部员工的社会，被称为"内部社会"。

为了获得员工对公司的好评，增加工资是一个方法，但更重要的是提高员工对工作的满足度。还有就是提高员工对公司的忠诚度，公司得到良好的评价带给员工的归属感。这些是与培养员工密切相关的。

不管是否把"三方受益"直接作为公司理念，多数老字号企业都在认真践行这个理念。而且企业持续的时间越长，这个倾向越明显。

◆ 在"三方受益"中注入"更加"

让企业持续 100 年的话，应进一步做到让"社会'更加'受益"。继"明确区分传承与创新""经营者揭示未来的目标,为了达成目标亲自培养所需人才"之后,我认为,这是让企业持续 100 年的支柱。

"更加"到底是指什么呢?是把金钱用到地区和员工身上呢,还是温和亲切地对待员工?关于这个问题的答案我在京都的老字号企业找到了。那就是"从地区获得支持"。

"社会受益"是自己主动接近社会。这种接近的不断积累就会赢得地区的认可,就会被作为当地企业获得更多援助。这就是让社会"更加"受益的部分。

在某地区,"自己的公司被熟知"可以使公司获得较多优势。该地区的居民通过了解"是做什么的公司""怎样的公司"等情况将该公司作为谈论的对象。如此一来,对公司的好评会在该地区不胫而走,出现意想不到的事情。

例如,每天早晨精神饱满地与当地人打招呼,把公司周围打扫得一干二净。这样公司自然会获得人们的好感,获得"那家公司看起来不错"的好感。

反之，员工有一个人只有一次随地扔烟头，就会有"那家公司的人不守规矩"的标签。从古至今的至理名言告诉我们，构建信赖很难，但是破坏却很简单。

另外，"从地区获得支持"也适用于员工。因为大多数的员工都是当地人，也是地区的一分子。自己工作的公司信誉好，就会抱着自豪感努力工作。这样的话，员工的离职率低，还可以防止技术和经验的流失。此外，在老字号企业比较常见的现象，就是员工一代一代都在同一家企业工作。

得到地区信赖的公司不容易破产。不，应该说是地区不让它破产。获得地区的支持，员工的支持，是企业持续 100 年的条件。

◆ 保护京都传统产业的老字号企业

下面，我想具体地介绍一个百年企业如何让社会"更加"受益。

京都的和式蜡烛公司"中村蜡烛"在迎来经营127 年之际，出资创建了名为"御使物本铺"的店铺。这家店铺销售京都地区的各种传统工艺品。

"御使物"本意为在京都，这些物品送给来客或者外出时送给对方的特产、赠品、供品、纪念品等的"物品"。这家"御使物本铺"，汇集了京都具有代表性的传统工艺品，例如线香、陀螺、扇子、日式烛台、京都编织饰物、京都陶器、吸油纸、茶叶等。与百货店等一般市场不同，顾客在这里用低价就可以买到京都的一流商品，所以营业员每天都应接不暇。此外，在这一家店铺就都可以买到各种正宗的京都物品，顾客不必东奔西走，这也是店铺受欢迎的原因之一。

更让人想不到的是，创建"御使物本铺"不是为了增加中村蜡烛的收益，而是为了守护京都的传统工艺品。

中村蜡烛的顾客遍及京都乃至日本各地，经营状况非常稳定。但是，京都其他传统工艺品的销售情况却不容乐观。看到很多店铺接二连三收摊关门，中村蜡烛觉得，这样下去京都的传统工艺品可能消失殆尽。于是设立了这家店铺。

中村蜡烛的社长这样说："不让传统产业倒闭是最重要的。但是，只靠这个想法是无法改变现状的。

幸好我们公司还算稳定，所以想一起努力，来回报支持我们的京都的产业。另外，开办'御使物本铺'不是为了盈利，而是作为一个宣传方式，所以，我们把好东西便宜卖，借此让更多的人知道京都的传统产业。"

原本保护传统产业是国家和政府的工作，但是中村蜡烛不考虑这些。采取这样的行动，只是为了向京都报恩。我觉得，这正是超越一般的社会受益，让"社会'更加'受益"的典范。

关于京都的传统产业我想简单说一下。传统产业基本上全部作业都是分工合作的，最后一环就是专卖店。例如，做蜡烛的话，涉及栽培原料的农民，采摘原料的专业手艺人，提炼原料油的专家，然后是制作最终产品的专卖店。如果处在各个阶段的所有的公司都有利润的话，就没有什么问题。但是，最近由于后继者不足，或者业绩恶化，中间环节中停业的店越来越多。如果一家倒闭的话，就陷入无处进货的危机，从而引起整个行业中的公司全体破产。因此，中村蜡烛的经营者一旦听到"关店"，就会马上赶去，请求"把技术传授给我"。不这样做的话，不仅中村蜡烛会陷入绝境，连京都的传统产业也会消失。

◆ 灾难中守护员工的旅馆

再介绍一个受地区喜爱又热爱地区的企业。

2011 年 3 月 11 日 14 点 46 分，发生了震撼日本的"东日本大地震"。许多宝贵的生命被剥夺，不仅是受灾地区，而且给整个日本都留下了巨大的创伤，我们至今记忆犹新。

受到巨大伤害的重灾区中，就有南三陆町。我在灾害的第 133 天，2011 年 7 月 22 日作为志愿者讲师访问了位于南三陆町的南三陆酒店"观洋"。

令我惊讶的是，没有一个员工被解雇。当时酒店没有营业，所以也没有收入。但是，酒店却支付了员工的全额工资。我很吃惊，所以询问了社长的母亲、酒店的老板娘。

"对去世的人，我们已经无计可施了，但是我希望活着的人都能回来。现在这种情况下，解雇员工也不会有人抱怨，但是员工是我的家人，我不能做那样的事。如果酒店关门的话，就无法联系到他们，那是让人难过的事情。"

电视台也报道了这件事，所以有朋友可能了解。但是，亲眼见到和亲耳听到的我，希望读者们都知道这件事，所以花点笔墨记述了此事。

在苦难的时候，才能看到公司的本质。"观洋"从来没有想过要解雇员工，就像不能抛弃家人一样。所以，在渡过了难关后，它成为受员工喜爱、地区喜爱的一家受人尊敬的企业。

◆ 同行业是一个组织体

我想问您一个问题，您的竞争对手是哪家企业呢？是临近的○○钢铁厂，还是同一个市内的△△印刷厂呢？

关于竞争对手，我想这么说，"中小企业的竞争对手只是自己，经营者的心里住着敌人"。

认真审视自己的公司，巩固阵地，防止从内崩溃，这是非常重要的。还必须重视与中小企业同行业的合作互助。同行业不是对手而是协作者。要作为一个组织发挥各自的功能，利用各自的强项，弥补彼此的不足。

◆ 打造老字号料亭共同体

在此，我想谈谈京都的老字号料亭。京都的老字号料亭从来不做"互相拆台"的事。相反，它们形成一个共同体，互相切磋磨合，使整个行业繁荣起来。这就是京都料亭的历史。

作为具体的实例，就是继承人的研修。京都的老字号料亭的继承人，在进自家店工作之前，一定要在别家的店里至少研修3年。并且，在研修期间，继承人研修的店铺会将他们所有的技艺全部传授出来，包括秘传的汤汁做法，秘传的摆盘刀功的技术，连所谓"一子相传"的技术，也会毫无保留地全部教给对方。真是不可思议。

轻易地将自家的技艺传授给他人，真的可以吗？将自己公司的机密展示给其他公司的继承人，甚至还要教会他全部内容。对此要回答"YES"不是很难吗？但是，京都的老字号料亭却一贯践行着。

学习了其他店秘传制法的继承人，绝对不可以把秘传技术如法炮制，直接用在自家的料理中。这是京都老字号料亭之间一个默认的规则。一定要加入自家的特色，拿出自己的创意，将学到的技艺在料理中进一步升华。就这样，京都的老字号料亭继承传统技艺，又将其进化。支撑京都的料亭的不是某个人，而是以搞活行业为目标，全员共同努力，谋求提高整体水平。

联合国教科文组织的非物质文化遗产正式将"和食——日本人的传统饮食文化"登录在册。据说如果没有京都料亭的团结，是无法获得这一荣誉的。

对于老字号企业对社会做出"更多"贡献，我想您已经明白了。您的公司又将带给社会什么样的"更多"呢？

老字号的判断基准

　　到此处为止，通过列举各种各样的实例，介绍了老字号企业的思维方式。下面，假定遇到这种情况，老字号的经营者会如何判断？请各位读者也一起来思考。

●事例1　对方比约定的时间晚到

A先生和客户约定13点开始洽谈，当他在约定的地方等待时，客户打来电话。客户说："非常抱歉，因为电车晚点，可能要迟到30分钟以上。"实际上，A先生1个小时后，也就是14点，预约了另外一位客户。

"晚到30分钟，如果只谈重要内容的话，可以勉强赶上下一个会谈。但是如果晚到40分钟以上的话，就只剩20分钟的时间，只能做一半的说明。这样一来，还会给下一位客户带来麻烦。"A先生是这样考虑的。

在这种情况下，如果是您的话，会怎么做呢？

①根据客户的重要程度来进行判断，取消其中一方的会谈，精力集中到一位客户身上。（这里所说的重要程度是指通过会谈，达成营业指标的程度。）

②选择对不起前一位迟到的客户。为了尊重按照约定时间等待的下一位客户，所以告诉前一位客户，更改约定时间或者日期。

③告知前一位客户缩短会谈时间，同时，也通知下一位客户，会迟到一会儿。这样兼顾两位客户。

我想很多人的回答应该是③吧。无论是好还是坏，符合日本人做事风格的判断是不能伤了两位的面子，或者尽量避免发生争执。对迟到的客户也好，对后面约好的客户也好，都要有"好面孔"。

　　但是，其实这是最坏的选择。尤其是作为经营者，有这样的行为的话，会失去两位客户的信赖。前面的客户会想"不管我迟到了多长时间，这样仓促的谈话也太草率了，而且没有做详细说明来说服我"。而后面的客户会想"说迟到什么的只是借口而已，和我的关系也不过如此"。经营者绝不能有③这样的想法。

　　如果是决策果断的社长或销售担当，会毫不犹豫地选择①吧。"如把这个会谈搞定，获利不小"，这么考虑的话，有其正确的一面。

　　但是，本书的目的是"让公司持续100年"。这种情况下，即使这一次获利甚丰，但从1年、3年、5年、10年的时间角度考虑，这种获利比较突然的个别事件与取消和另一方的约定招致的信用损失相比，孰轻孰重？必须认真思考。

　　大多数老字号经营者会选择②。信用要用真心相待，这是一种姿态。不管前者会带来多大的商机，但是后面的客户没有任何问题，为什么要他容忍你迟到，或者取消会谈呢？这才是选择②的深层原因。

另外，对于前一个客户来说，告知后面已经有约，为了能够充分交谈，另行约定时间。这种应对是出于更好地为对方考虑。虽然可能一时会让关系恶化，但是原因是对方迟到。如果对方因此耿耿于怀，那么今后是否值得与这样的客户打交道，应该慎重考虑。

●事例2　恩人向自己借钱

某一天，对您有大恩的B先生"想要借300万日元"。您手头可以自由使用的钱有100万日元，如果想方设法的话，虽然有点勉强，但筹措300万日元也不是不可能。

在这种情况下，您会怎么做？

①借给他，金额是100万日元。

②送给他，金额是100万日元。

③不借。

我想很多人的答案应该是③吧。借钱给别人，会有"不还"或"还了再借"的风险。但是如果不借的话，有可能搞坏与恩人的关系，说不定还会骂你"忘恩负义"。不过即使这样，作为经营者懂得规避借钱的风险，是很重要的事情。

本书的目的是"让公司持续100年"，但是和恩人的关系破裂，也不是明智的选择。1年或5年后，如果这位恩人解决了资金问题，他会抱怨"那时候你没有帮我"。这就给这层关系留下了阴影。这一点也要认真考虑。

如果是重义气的人，会选择①吧。既然是恩人借钱，不仅是100万日元，可能会去筹措300万日元。恩人会说，"您救了我，真的很感谢"。您自己可能也会想，对过去的恩情做了足够的回报。但是，这是最差的选择。有关借钱的风险，前面已经讲过。如果对方认为只有借钱给他，才能感觉你在报恩，那么，当他到期了还没还钱的时候，你能催他还吗？

多数老字号的经营者选择的是②。如果不帮恩人，于心不忍；向恩人催债，又不好意思。不要勉强自己去筹款，那么，将自己手头宽裕的100万日元送给他就行了。这样做，不仅可以报答过去的恩情，而且很少会产生懊悔或厌恶等负面情绪。因为一开始就有"赠送"的想法，所以即使对方不还钱也不会焦躁不安。如果那位恩人再次向你借钱时，你可以坦然拒绝："我已经没有钱了。"这时候，因为有过这次"赠送"，对方的感受就不一样了。另外，若干年后，如果他解决了金钱问题，不会忘记那时帮助过他的人。当然因为自己有金钱的宽裕，才有能力做出这种选择，但从"让公司持续100年"的目的出发考虑时，我想这应该是最恰当的答案吧。

●事例3 开店邀请纷至沓来

您一贯重视待客态度和商品质量，生意稳定，事业有成。因此，许多百货公司和购物中心邀请您："希望一定来这里开店。"

这种情况下，您会怎么做呢？

①不断开店，扩大事业。

②顾虑风险，拒绝邀请。

③根据人才准备的情况，决定开店数量。

"这是一博胜负的机会"，许多经营者会选择

①吧。

这个选择不算错误，但是必须在多个方面提起注意。作为经营者，当然不能错过随着人气高涨而涌来的市场需求。但是，如果对这种需求预测过头的话，就会导致供给过剩和品牌力下降。另外，商品供给不能及时到位，生产过多造成库存积压，或者因为在全国各地开店，导致本来"只有在〇〇才能买到"的限定品牌的价值下降，或者因为员工服务不到位，导致顾客流失……可能出现各种各样的问题。不能只看人气势头，需要认真考虑实际的处理方法。

那么，为了回避风险而选择②的话，又会如何呢？不冒开店风险，注重稳定路线。乍看这可能是正确的选择，但是这样做，事业无法拓展。如果想"让公司持续100年"的话，片面追求"稳定"是不够的。必须不断改革。因此，这个选择也不可取。

那么老字号选择什么呢？当然选择③。新店铺当然要开，但扩大数量的前提是，确保足够的人才，以便管好所开的店铺。刚才提到了开店的风险。如果有可以替代你做决策的人才的话，就可以大大降低这些风险。关于人才培养在第三章中已经讲过，如果有充分理解自己公司的"心"的人才，开店就不会有大的失误。

●事例4 常年使用的建筑物该如何改建

一直经营旅馆，并且旅馆受到了很多客人的青睐，几十年经常入住的回头客不在少数。另外，最近外国顾客和高龄客人也增加了。但是建筑物和设备老化了，所以制定了大规模的改建计划。

在这种情况下，如果是您会怎么做呢？

①拆除旧建筑旧设备，重新建设。

②留下有历史性的东西，另造新建筑。

③不改变外观，只把里面的设备换成最新的。

我想选择①的人会很少，确实，不应该做这种选择。试想，有很多客人喜欢你的旅馆，并把它作为怀旧之地使用：这里曾是相亲相爱一家人一起住过的宾馆，是和好朋友们共同度过愉快时光的空间，还是和去世的父亲留下美好回忆的地方。把这个凝聚了各种回忆的场所，进行彻底改变，是令人惆怅、让人失望的事情。"让公司持续100年"，其实也是陪伴顾客，让回忆不断延续。

选择②，乍一看的话，似乎是明确了"应该保留的东西"和"应该改变的东西"这两个方面。但是，这也不能说是很好的选择。"留下有历史性的东西"这一选择，归根结底只是基于第三者的评价而做出的判断。真正值得珍惜、必须保留的东西，不是第三者的评价，而是顾客的喜好，以及作为经营者的"心"。必须依据这些来做出判断。

此外，不是"有历史性就留下"，而是"为了延续历史而留下来使用"，才是更重要的。

如果是老字号企业的话，应该会选择③。珍惜顾客美好的回忆，为新顾客提供便利，这两者的融合才是明确了"应该保留的东西"和"应该改变的东西"。

顾客的"回忆"是外观、庭院、旅馆整体的氛围。"对人来说，眼看占九成"，虽然这个说法不太对，但是，视觉上留下的影像，在人的记忆中占据很大的比重。回到故乡时，孩童时代玩耍的地方建起了高楼，曾经的田园变成了道路，这难道不让人感觉空虚、寂寞吗？如果是老字号企业的话，一定不会让顾客产生这样的感觉。

同时，随着顾客的年龄的增长，海外游客的增加，与日式厕所相比，西式马桶更方便；与日式榻榻米相比，坑式炉桌更适用。这类新的需求就会产生。

为了将"怀旧"和"新需求"两者融合，保留外观，更换设备，成为唯一的选择。当然，如果建筑物的老化已经到了很严重的程度，当然有必要改建，但即便如此，一下子就改建成现代化的大楼，我想，老字号企业不会做这样的选择。

●事例5　继承人的意识可以提升到何种程度

您的事业现在正在持续上升。于是，您指示公司继承人也就是任职专务董事的您的儿子购入10台新的营业用车。几天之后，您收到了专务董事的报告，说洽谈顺利，已经支付了购车的定金。

但是，天有不测风云，突然发生了一场震撼整个日本的大地震。幸运的是，您的公司没有受到损失。但全国很多公司、很多人都陷入了严重的困境。此时，您想起了让专务董事购买10台车的事情。那么，作为公司继承人该如何处理呢？

①幸亏没有受到损失，继续推进购车业务。

②姑且观察一下今后事态的发展，维持现状，暂停购车。

③为了保留手头的现金，放弃定金，解除合同。

这次不是老字号企业的经营者如何判断，而是老字号的继承人应该如何判断。请您也想象一下。

最现实的选择应该是②吧。因为以后会怎样，现在看不清楚，先观察事态发展，到情况明朗以后再做决定。一般的人都会采取这种行动。即使是经营者，这样考虑的人也很多，所以作为继承人，几乎都会这么想吧。但是，很遗憾，您的继承人，还没有成长为可以和您并肩作战的后继者。培育出能够以经营者的目光做判断的接班人，正是成为"持续100年的公司"所需的条件之一。

选择①。我想做出这个选择的继承人应该是非常勇敢的人，是可以把危机变成机会的那种类型的人。但是，作为经营者做出这样的判断，难道不危险吗？如果是讲"一夜暴富的方法"，那么，这种把危机变成机会的做法，也许大有裨益。从让公司存续这一点出发的话，这个判断会导致今后有几千万日元的现金支出，这是确定无疑的。即使自己的公司没有损失，但客户和客户的客户受损失的可能性非常大。这一点现在还没反映出来，但一两月后这个问题会浮出水面。从企业持续经营的观点来看，这个判断是正确的吗？

老字号的继承人应该是选择③吧。即使自己公司没有受害，也要估计到今后可能受害，眼下在这件事上，是应该使用现金，还是不应该使用现金，培养能够对此做出确凿判断的继承人，是非常重要的。

事实上，某家老字号企业，在东日本大地震的时候曾经发生过和上面例子一样的事情。采取的行动确实和③一样，放弃了定金，把现金留在了手里。虽然这不是继承人一个人的决定，但是像这样，他能够以与经营者相同的眼光来考虑问题的话，可以说，公司的将来会较为稳定吧。

以上，设想了5个事例，您怎样判断呢？当然并不是说所有的老字号企业都是这样考虑的，但是对于能够持续100年以上的企业来说，比较一时的利益或风险，还有更值得他们珍视的东西。对于这一点，我认为您应该已经有所了解了吧。

第五章

之所以成为"京都老字号"

南禅寺 瓢亭
经营 344 年

京怀石料亭

第 14 代社长　高桥英一
代代相传的接力棒式经营

一、明确区分传承与创新

有作为传统应该保留的东西，也有需要改革的东西。但是改革过度，让人觉得"这已经不是瓢亭了"，那就不好了。必须保留的，比如瓢亭鸡蛋、加了葛薯馅的早餐粥，这些是瓢亭的传统料理，"有了这些，才叫瓢亭"。这是瓢亭的根，里面藏着许多趣闻逸事，寄存着与瓢亭有关的美好记忆。

需要改变的是口味，以适合时代潮流。因此，连被称为日本料理灵魂的汤汁的原料，也顺应了时代的需求，改为利尻昆布和金枪鱼干了。那是因为过去的汤汁，对于现代人来说已经太淡了。

二、经营者揭示未来的目标，为了达成目标亲自培养所需人才

如果想让企业存续 100 年，不仅要考虑我自己，

---

*　〒 606-8437　京都市左京区南禅寺草川町 35
TEL▼（075）771-4116　HP▼http://hyotei.co.jp

而且要考虑我的继承人，还要考虑继承人的继承人。不然传承就不会顺利。这不仅仅是金钱的问题，还必须有更重要的"财富"留给后代。

其中之一是，要找出具备普遍性价值的东西。但是，即使找到了，也并不意味着万事大吉了。还要经常在时代的潮流中做微妙的调整，为了顺应时代，为了不断给人新鲜感，在表达方式上也必须下功夫。

这绝非炫耀新奇，而是像接力赛选手传递接力棒一样，确凿地、扎实地将传统延续下去。这样的活动一代传一代，就是在创造百年企业。

三、卖方受益，买方受益，社会更加受益

我原本不善于在人前表达。但是有些东西只有我才能传递，所以只要有人来请，我尽量不拒绝，都会出去讲述我的技艺。因为我认为这一切都是为了京料理和日本料理的发展。为了传授真正的京料理，我和儿子一起去过法国。汤汁的做法、摆盘的技巧甚至刀具的保养，我都教他们。传授正宗的东西，对将来的日本也有好处，我相信这一点。

三岛亭
经营 145 年

鸡素烧的元祖料亭

第 5 代社长　三岛太郎

为了缩短与员工间的距离传下来的一句话

一、明确区分传承与创新

本店建筑是创业当时就有的。虽然花费了许多修缮费用，但是现在仍然当作宝贝一样使用。这是因为我们重视顾客的"怀旧情结"。结婚前在此约会的客人，数年后会带着孩子再次光临。上了年纪的女顾客看着老建筑会高兴地说："还能在这'三岛亭'吃鸡素烧，真是太好了。"我认为，应该珍视顾客的这些美好的追忆。

当然也不会一成不变，完全维持原貌。为了满足高龄顾客和外国顾客的需求，也准备了许多坑式炉桌席位和桌椅席位。让顾客舒适高兴才是最重要的事情。

二、经营者揭示未来的目标，为了达成目标亲自培养所需人才

作为继承人，为了招待好顾客，必须亲自学习

---

* 〒604-8035　京都市中京区寺町通三条下樱之町 405
TEL▼（075）221-0003　HP▼https://www.mishima-tei.co.jp

许多东西，例如在料理店，关于各种摆设等，要学到事物的本质。

经营者对员工，要抱有"承蒙你为我们店工作"这种感谢之心，同时，还要让员工具备"承蒙给予我工作机会"这样的感谢之心。经常对员工讲这些话，是非常重要的。

如果彼此都有这种心态，沟通自然就会顺畅。对于赞同这种人生观、追随自己的员工要倍加珍惜。培育心意相通的员工，就能把公司变得强大。

三、卖方受益，买方受益，社会更加受益

不要勉强节税，多缴税金很重要。我们生在日本，长在日本，由衷祈愿这个国家不要衰退而要持续繁荣。因此，我们也希望缴纳的税金，能用在真正对国家有益的地方。

第 4 代社长　伊藤忠弘
品牌是用优质热忱的服务塑造的

一、明确区分传承与创新

塑造品牌不仅靠技术和商品，还依赖"店员的待客态度、优质的服务"。因此，现场员工与顾客的接洽，无论多么没有效率也不会改变。只有工作在现场孕育的品牌，才是"伊和忠"最看重的地方。

顾客看不见的部分，例如商品管理的方法、库存管理、生产管理等，为了维护公司，要不断改变。此外，老字号企业有一种倾向，就是把与过去同样的商品用同样的方式卖给同样的顾客。但是，时代背景和市场环境不是单靠企业的努力就能改变的。不是与外部因素相对抗，要承认传统的和服已经不再是日常用品，有必要引进新的创意。

---

* 〒604-8073　京都市中京区六角通柳马场东入大黑町 76
TEL▼（075）255-0038　HP▼http://www.kyoto-itochu.jp/

二、经营者揭示未来的目标，为了达成目标亲自培养所需人才

"明确区分传统和革新，追求两方面的益处"是公司的目标。为此，认真保留传统和服配饰，特别是木屐和日式包袋。另外，成立新公司，开始进入日式杂货领域。内部的力量有局限，必须借鉴外部的智慧，成立新公司。

传统和革新有共通之处，那就是对顾客的服务。这才是"伊和忠"的品牌。我认为，这是全体员工必须切实掌握的东西。今后，在传承传统技术的同时，会努力培养能够察知潜在需求的人才。

三、卖方受益，买方受益，社会更加受益

那些显眼的为社会做贡献的活动，没有特别去做。但是，如果需要举例的话，那就是50年前公司制作的木屐，现在只要拿来，我们照样认真修理。只要是我们制作的商品，即使过了几十年，也能享受保修服务。我们认为这是理所应当的事。我们祈愿，公司的商品能够超越时代，被广大顾客喜爱。

第 20 代店长　园部平八

具有经营者意识的员工
守护店铺拯救危机

一、明确区分传承与创新

在平八茶屋代代相传的有三个信条。

第一条，店长是厨师。因为传统是一子相传，为了维持原汁原味当家人必须是厨师。

第二条，作为餐馆，店长既要做菜又要经营。在现代的料理店里，经营者大多是专门负责营销、人事、财务等经营工作。而在平八茶屋，店长要承担两方面的职责。

第三条，必须是家业。因为这一条，过分扩大规模并非良策。一个人管理全局，只能集中在一个有限的范围。

关于设备，要从顾客的角度进行调整。如何让顾客喜欢是基本。因此，在外国游客和年轻顾客增

---

*　该店日文名写作"山ばな　平八茶屋"

〒606-8005　京都市左京区山端川岸町 8-1

TEL▼（075）761-0131　HP▼http://www.heihachi.co.jp/

加的情况下，我们在榻榻米的房间也准备了椅子。

二、经营者揭示未来的目标，为了达成目标亲自培养所需人才

年初的时候聆听解读时代潮流的讲演，会抓住自己能够感觉到的时代潮流，定好下一年的预算和目标，制定经营计划书。在每月一次的各部门工作会议上讨论这个计划书，找到达到目标的对策。这样能够培养员工养成与经营者相近的思维方式。这种效果是根本性的，能够促成全员一致守护店铺。越是危机来临时，越能发挥强大的力量。

三、卖方受益，买方受益，社会更加受益

其实退出也是很难的，我认为延续下去才是我至高无上的使命。为此，缩小事业的规模也是有可能的。

但是，无论在什么时代，仅仅守护门帘是不够的，而是要不断革新。正是这种革新才构筑了迄今为止的历史。

如果谈历史的长度，除了京都还有其他的古老的街市。京都的不同在于，不单是古老，更是在当下仍然活得很精彩。我相信，店铺的延续，与延续京都的历史息息相关。

第14代社长　西尾阳子

老字号企业的价值
是创造一种文化并持续守护

一、明确区分传承与创新

父亲教会了我很多东西。

> ·赠送别人东西的时候，不可赠送自己不要的东西，要送上自己也非常珍惜的东西。
>
> ·有情分恩义的人无论如何都想向你借钱的话，不要轻率拒绝。在你能力范围之内，不是借，而是送钱给他。借钱的念头留在心中，会成为以后纠纷的根源。
>
> ·送东西的时候用小的容器尽量装满，要给人一种已经没法再装进去的充实感。

这些也是我们必须教给下一代的事情。

另外，因为我们一直都是家族经营，特别重视速度。"想到了就马上试试。试了不行的话，放弃就行。"

---

* 〒606-8391　京都市左京区圣护院西町 7
　TEL▼ （075）761-0131　HP▼http://www.8284.co.jp/

我们想用大企业不能做到的速度，在竞争中获胜。

二、经营者揭示未来的目标，为了达成目标亲自培养所需人才

我认为员工是家族的一员，对他们既要亲切又要严格。虽然说是家族，但是对于工作而言，是一个组织，所以必须有一定的规矩。破坏规矩必须严格处罚。只要有爱，不管有多严厉，员工也会理解。原则是西尾商店的人要像父子、兄弟一样交谈，关怀体贴。这一点是非常重要的。

三、卖方受益，买方受益，社会更加受益

老字号的社会意义在于创造并守护文化。京都的老铺，都是经过漫长的历史培育而成的，各个店铺都有独特的文化。我想，这正是形成京都独特的文化、风土、街景、品牌的原因。

有文化的地方聚集人气，反过来讲，没有了人，文化也会被废弃。虽然日本的人口还会继续减少，但是京都具备永久都要守护的文化，而守护文化正是老字号的使命。

第 9 代社长　大下仓和彦
创作物品的 DNA 超越时代生生不息

一、明确区分传承与创新

从酿酒到制丝事业、绉绸织造事业、染色事业，虽然从事的事业几经变化，但是，在其根底处流淌的无中生有的"物品创作"之心从没变化。把这说成是 DNA 也不过分。应该传承的是出生于实业家家庭的"自豪感"。在这里追求闪耀光芒的原创，勇敢地挑战，实现目标，这种精神才是我想持有并传承的。

曾经，由于经营破产与顾客以及诸多供应商的关系全部中断。终于重新感受到了自己的感性和顾客的感性相碰的乐趣。今后不只停留在国内市场，还要向国际化发展。

二、经营者揭示未来的目标，并且亲自培养人才

我们的经营目标是"通过以染色为基础的物品

---

* 〒627-0131　京都府京丹后市弥荣町和田野 314
　TEL▼（0722）65-0065　HP▼kazuhiko.takakura@facebook.com

创作，给人们以感动"。

达成目标的起点，从磨炼自身开始。把商场作为自我修炼的场所，练就能够感动人的能力。在此基础上，与能够如实感知事物的美好之处的、意气相投的助手们一起工作，彼此切磋琢磨，这样的关系最为理想。我想构建这样的组织，给社会送去感动人心的作品。

三、卖方受益，买方受益，社会更加受益

希望通过我们的作品，让顾客成为我们的朋友，交流彼此的感动，形成以公司为中心的交流社区。

经营破产后，受到了周围人们的各种关照。虽然现在不能马上报答，但随着事业逐渐成长，相信一定能够报答大家的恩情。

第 9 代社长　宇佐美直秀

着眼于 100 年后，
留下现在工作的印迹

一、明确区分传承与创新

我们敢于明确告诉顾客，交给我们的作品，哪些部位修复过。原画如果有缺字的话，我们会认真检查，但基本不会补写。一则是为了保留原件的独特性，二则我们相信，后世一定能够修复。所以何时、哪个部位、做了怎样的修复，我们都会像写病历一样记录下来，并在报告书中留下修理的履历。

为了避免顾客交给我们的作品出现不好的变化，坚决不使用含有化学药品的糨糊。因为这种不好的变化可能在 10 年后，甚至 100 年之后出现。正因如此，今后公司会继续使用经过实际验证过的、要花费很长时间的、精心制作的糨糊。

最近，在向普通人传授修缮文化遗产的重要性的同时，我们正在开始一项新的业务，那就是让大家对挂轴有亲近感。因为屋内设有壁龛的住宅越来越少，

---

* 〒600-8349　京都市下京区西中筋（堀川通）花屋町下堺町98 番地

TEL▼（075）371-1593　HP▼http://www.usamis-hokakudo.co.jp∕

所以我们做了在挂轴上使用照片和图画的设计，来装饰西式房间的墙壁。这是因为当下觉得"复古的东西很时尚"的年轻人很多。今后值得期待。

二、经营者揭示未来的目标，为了达成目标亲自培养所需人才

为了有100多年历史的文化遗产，世代流传下去，才有了这项修复事业。日本的传统由我们来守护，用这种志气和热情，来培养能够和我们共享理念的员工。胜任这项工作需要10年的磨炼，新入社的员工制作的糨糊，要成为能够使用的古糊也需要10年。古糊瓶上写上制作者的名字，是为了在工作中和自己制作的糨糊相遇时，可以切身感受到自己的变化。

三、卖方受益，买方受益，社会更加受益

我们招聘海外的技术人员，并教给他们技术。有获得对方国家资金支持、依靠补助金来的研究员，也有招聘来的外国人，目前为止，我们迎接过北美洲和欧洲、亚洲各国的人。现在正在学习的是加拿大籍的女士。我们期待她们通过学到的技术，在日本甚至世界各国大显身手。

本田味噌本店
经营 188 年

生产并销售西京味噌

第 7 代社长　本田茂俊
使员工、供应商、顾客，大家都幸福

一、明确区分传承与创新

为了守护创业的初衷，将企业持续下去，采用家族企业的形态是最重要的。正因为经营和居住在一起，常年讲述的家训，下一代继承人在幼年时期就可以接受其熏陶。另外，当面临经济危机时，可以拿出创业者的个人资产，闯过难关，使经营持续下去。

旧体制必须改变，正因为这种强烈的想法，将京都市内的味噌制造工厂搬迁到了绫部市，创建了具备独特尖端技术的大规模工厂"丹波酿房工场"。检证工序，改用机械搬运，而确认味道等只有靠人才能做的事情交给匠人。所以，有余力向营业、研究开发、总务企划等间接部门投入人才，这样可以增加销售团队的力量。

---

* 〒602-0904　京都市上京区室町通一条上ル小岛町 558
　　TEL▼ （075）441-1121　HP▼http://www.honda-miso.co.jp/

二、经营者揭示未来的目标，为了达成目标亲自培养所需人才

经商有三个方针。首先是"传承下去"。就像"站传"选手一样，传递绶带很重要。提升业绩是成功的一半。传承下去是成功的另一半。

其次是"为了传承，积极进攻"。只靠防守就能获胜的战争，闻所未闻。在擅长的领域，集中进攻才是重要的。

最后是"好时不骄，坏时不馁"。好的时候更加谨慎，不好的时候等待时机。绝不放弃是关键。

还要告诉大家，所有员工的工作都有品质问题，无论干什么，工作本身没有优劣之分，全员都彻底贯彻品质第一主义的原则，企业就能升级，就能持续下去。

把这些观念传递给员工，在员工中渗透，是经营者的职责。

三、卖方受益，买方受益，社会更加受益

公司的经营目标是"让大家都幸福"。首先员工要幸福，其次让供应商幸福，并让顾客幸福，这是非常重要的。为此，公司要提升业绩，要培育员工，要遵守规则，要认真纳税。今后还想在中国设立工厂，为全球性就业做出贡献。

第5代社长　中村亮太
顾客第一主义是不可动摇的宗旨

一、明确区分传承与创新

虽然没有明文规定，但是，作为代代相传的家训，必须坚守的原则是，"顾客满意是第一位的""不计较自己眼前的得失，顾客利益优先"。

顾客第一主义是不可动摇的宗旨。但是，顾客的需求随时代的变化而变化。为了让顾客满意，应根据顾客的需求，随机应变就成为关键。积极地在百货公司设置柜台、开拓销路就是其中之一。

二、经营者揭示未来的目标，为了达成目标亲自培养所需人才

我们想培养类似西式糕点师的日式甜点师。为了实现目标，需要每个职人都有自豪感，都有让顾客幸福的愿望，都追求美味，努力提升自己的技艺。

对于这些员工，认可他们的成绩，用褒奖促使

---

* 〒615-8021　京都市西京区桂浅原町61
TEL▼ （075）381-2650　HP▼http://www.nakamuraken.co.jp/

他们成长是基本做法。只要是为了顾客，员工认为是好的想法，都可以不断尝试。出现问题时的后续处理和最终责任，当然由经营者承担，这样可以鼓励员工放心挑战。

三、卖方受益，买方受益，社会更加受益

关于顾客投诉。处理投诉的时候，不能和顾客论是非。这种情况下社长和专务要站到前面，向顾客道歉。让投诉的顾客今后还能成为公司的顾客才是应对的基本原则。另外，在处理投诉时，还要意识到围观投诉事件的顾客，必须做到让他们也感觉到："不愧是中村轩！"认真应对投诉的顾客和围观的顾客，满怀诚意，让在场的所有人今后继续成为中村轩的顾客。

传来工房 经营 1204 年 从铸造技术开始 后转为建筑业	现任社长　桥本和良 **技术集团存续的关键是 有高级技术人员的传承**

一、明确区分传承与创新

一切的基本在于"环境整备"。基本做不好，在基本之上的事情更做不好。据说过去优秀的匠人，在工作结束后的整理、道具的保养等方面一丝不苟，把环境收拾得干干净净。从"凡事彻底"开始，我认为，这应是公司永远不变的基本理念。

另外，京都的老字号企业与时俱进。无论料理、茶、点心还是传统工艺品都是如此。没有变化，不可能持续 100 年。我们公司提出的口号是："创造与众不同的新东西，保持京都制造的特色"，全体员工一起投入。其中重要的一环就是受理员工提案书，设立表彰制度。但是，更为重要的是，不能让顾客感觉到传来工房"变了"。

---

*　〒601-8317　京都市南区吉祥院新田二段町 45 番地

　　TEL▼（075）681-7321　　HP▼http://www.denraikohbo.jp/

二、经营者揭示未来的目标，为了达成目标亲自培养所需人才

原本，传来工房的传统是让最优秀的弟子继承产业。但是，我祖父在明治时代作为最佳弟子继承公司之后，父亲和我就成为传来工房少见的直系亲属传承事业了。我认为，应把公司托付给能让公司存续的继承人。因为我没有儿子，让女婿继承也是选项之一，但现在还没有做出决定。遵照传统，托付给最优秀的弟子的选项，也在我的考虑范围内。技术集团的生存之道，应该是让拥有最高技术的人来继承事业，这个观点不会动摇。

三、卖方受益，买方受益，社会更加受益

在公司，整个建筑都由员工自己修缮、维护。墙壁的油漆，天花板、地板的修理，废旧的柜子，都是自己维修后再使用。不是简单地消费、丢弃，用心使用现有的东西，对地球环境也有利。使用旧建筑、旧设备不是丢人的事，将它们弄脏、弄坏才是丢人的事。

佐佐木造酒
经营 125 年

生产并销售清酒

第 4 代社长　佐佐木晃

把"先代是如何考虑的"作为判断标准

一、明确区分传承与创新

不拘泥产地，只要是好东西，可从各地收集来使用，米和水也不例外。在市场上广泛收集信息，用优质原料，做出优质商品，让顾客满意。

为了做到"酿酒师变，味道不变"，我们对制造工序逐步进行了改进；为了实现"味道数字化"，我们引进了最新的检测设备，对数据进行整理；为了避免因酿酒师个人原因而改变计划，我们特意制定了工序手册。这样，只是在最后环节要依赖酿酒师作为职人的直觉。

二、经营者揭示未来的目标，为了达成目标亲自培养所需人才

虽是继承人，但并没有受过特别的教诲。"这种情况，如果是父亲会怎么考虑"，我常常这么想。父

---

* 〒602-8152　京都市上京区日暮通椹木町下北伊势屋町 727
TEL▼（075）841-8106　HP▼http://jurakudai.com/

亲不论何事，都愿挑战，甚至会果断地挑战别人不敢做的事情。这种作风也影响了周围的酿酒师、管理者，成了整个公司的风气。

希望自己的继承人学会灵活应对时代的变化。因为不被时代接受就无法生存。比如，近年来日本酒的需求减少，我不得不更改战略。今后的酿酒坊必须提高面对店铺和消费者的销售力。所以近年来招聘了年轻员工当推销员，期待他们今后大显身手。

三、卖方受益，买方受益，社会更加受益

用安全的方法，持续制造出优质的产品，就是对社会的贡献。这是我的信念。但是，只做和过去相同的事情无法成长。必须经常进行新的研究。最近产学公联合开发了无酒精系列的饮料。对日本酒制造过程中产生的半成品稍加处理，不需要发酵就制造出不含酒精的"白银明水"饮料和气泡酒，我想会让很多人感到欣喜。

千雾家*
经营 164 年
制作并销售茶叶

现任社长　米内政明

"职场是家庭的延长"，社长以身作则

一、明确区分传承与创新

现在，在家庭和职场里，用茶壶沏茶的场景已不多见。"复兴绿茶""宣传绿茶文化、创造绿茶空间"，把这些理念放在心头，重视提升绿茶的品质，在日本人的饮食的 DNA 中，着重强调绿茶的清香。

为此，不离茶的世界，从简单易行处着手，我们办起了"直接与消费者接触"的日式茶馆，倾听消费者的声音，探寻时代的需求。另外，做同行没做的事情，宣传饮食文化，与餐具和餐垫的设计师、料理研究家若林弥子老师等人携手，积极开展跨行业的合作。

二、经营者揭示未来的目标，为了达成目标亲自培养所需人才

我的理念是"职场是家庭的延长"。在自己家

---

 * 该店日文名写作"ちきりや"。

 〒604-8203 京都市中京区三条通室町西入衣棚町45

 TEL▼（075）221-0528 HP▼http://www.kyo-chikiriya.com

里，会关掉用不着的灯，会捡起掉下的垃圾。这是理所当然的。进了公司，这种意识就会淡薄，东西也不爱惜了，所以应该要求员工做到像珍惜自己的家一样爱护公司。理念的渗透并不容易，所以店长要身体力行，以身作则，关灯、捡垃圾。我希望通过点点滴滴的身教，员工能够养成良好的习惯。

三、卖方受益，买方受益，社会更加受益

公司内部的社会贡献是，每年组织员工一起去旅行。目的是改变员工的思维方式，改变他们的世界观。以前，我们去过中国，走访了最先进的地方和最接近老百姓生活的地方。大家对中国的贫富差距，都有了切身的感受。因为是亲眼目睹，大家的观念也会有所改变。

对于外部的社会贡献，就是要做出利润，不要过度节税，多纳税金，我认为这是最大的社会贡献，不，应该说是对社会的报恩。

第 5 代社长　三木崇司

对待顾客和商品保持率真的态度

一、明确区分传承与创新

经商必须是相互信任对方的"真心的买卖"。例如，棒球的投、接球的双方，对方相信自己会直接投到他胸前，自己也会直接投到对方的胸前。这种建立在信赖关系上的买卖，自创业以来，我们是一以贯之的。不论在什么时代，"他们做得不错""这个产品才是三木竹店的东西"，获得这样的评价，才是我们工作的目的。

适应时代的潮流，给顾客提供的产品也随之变化。例如，自古以来"京铭竹白竹"，作为花道和茶道道具以及茶室的建筑材料，是日本文化中不可缺少的竹子。但是，在日本人的细腻感性的特质上，再加一点儿玩心，就能将它做成贴近我们生活的筷子。今后，我还想做出让人感受到四季变化和日本文化的竹制品。

---

* 〒601-8382　京都市南区吉祥院石原上川原町 52
TEL▼（075）691-1324　HP▼http://www.kyoto-miki.com

二、经营者揭示未来的目标，为了达成目标亲自培养所需人才

从小时候开始，我在竹林中度过了许多时光，追逐祖父和父亲的背影，看着祖父和父亲的后背，通过与竹子的对话，萌生了竹子匠人的觉悟和信念。作为继承人，我想继承的就是"真心的买卖"。对于顾客也好，对于产品也好，用率真的心情来做"美好的工作"。做出来的产品，顾客看到后说："这才是三木竹材店的东西。"这就是我要传承的。

三、卖方受益，买方受益，社会更加受益

虽然竹子一根一根像是独立的样子，其实地下的根茎连在一起，地上的枝叶互相支撑。可以说就像以前的日本家族一样，大家协力合作，形成一个大家族。因此，我们要采取行动，把日本文化的象征——竹子——的生存方式，更好地在世界推广。换句话说，就是"周围的环境让我生存""要感谢周围的人们""要做让周围人高兴的事"这三点。我们还要做出其他方面的努力，例如让顾客通过体验制作产品，切身感受到乐趣，通过出版图书和讲演等让顾客加深对竹子的认识。

第 5 代社长　西堀耕太郎

传统工艺品复兴的关键在于开拓国际市场

一、明确区分传承与创新

要维持家业，埋头苦干、持之以恒最要紧。正所谓"持续就是力量"。此外，今后，我想把那些连发明者是谁都不知道的普通的东西，也留在顾客的生活当中。

和伞（日本油纸伞）行业形势非常严峻。因此在拓宽销路方面，不仅瞄准日本市场，还要着眼海外市场。要做适应当地要求的改良，注意聆听当地顾客的意见。打开海外市场要把握四个要点：第一，在当地生活中能够实际使用；第二，产品是独一无二的；第三，达到当地的安全标准；第四，恰当的零售价、恰当的批发价。以上四点奏效，因此公司的照明器具古都里系列 1/3 的销售额来自海外。

---

* 〒602-0072　京都市上京区寺之内通堀川东入百百町 546

TEL▼（075）441-6644　HP▼http://www.wagasa.com

二、经营者揭示未来的目标，为了达成目标亲自培养所需人才

公司的商品虽然不能帮助那些在自然灾害中受苦的人，但是要为保护自然环境做出贡献。这是我们在商品开发时经常思考的课题。

另外，自己主动到营销第一线，将收获的智慧和经验，通过各种媒体发布。如此一来，我相信员工也能自立，并成长起来。

三、卖方受益，买方受益，社会更加受益

把我建立的海外市场渠道，提供给其他的制造企业。我认为通过开拓新的销路，日本的传统产业是能够复兴的。

实际上，通过我介绍的渠道，一家染色企业现在已经在马来西亚和新加坡扩大了销路。虽然还是微不足道的，但是今后我将继续思考日本传统产业的生存之道，并将付诸实际。

第 8 代店长　桥本隆志

用独到的销售方法提高大米的价值

一、明确区分传承与创新

我们家的家训是"兄弟和睦　孝敬老人"。由于是以家族经营为基础，所以兄弟之间作为商业伙伴互相合作是非常重要的。另外，"心不变而形变"这一条也很重要。

在未来的时代，"米"应该如何定位，在不断思考的过程中，我找到了"礼品"这个答案。然后，销售方法改成网络销售，并提供配送服务。不是把米作为普通礼品，而是把"米×礼物×网络×京都"，多种要素相乘，开拓了其他公司无法模仿的事业领域。

二、经营者揭示未来的目标，为了达成目标亲自培养所需人才

经营者的作用只是发挥领导作用，换句话说就

---

*　〒600-8883　京都市下京区西七条北衣田町 10
　　TEL▼（075）201-5684　HP▼http://www.hachidaime.com

是"作为开拓者行动，成为员工的榜样""不断思考新事物""不断进化"。对继承人的要求也相同。

八代目仪兵卫的成长也是员工的成长。因此每天要讲严肃的话，进行严格的教育。"米是我的明星"，让员工具备这种意识，每天在日报上记录食品的味道。"笔直成长型人才"，是我培养员工的目标。

三、卖方受益，买方受益，社会更加受益

"米"是日本人的心。因此，扩大米的需求，与提高日本的价值相关。"米之美味，传递到位"，为了实现这一心愿，我们在京都祇园和东京银座分别开办了"米料亭"。

听说觉得"饭没有味道"的小学生很多，所以我特意在研究生院学习了有关"食育"的课程。从京都市内的小学开始，在全国进行"食育"教学。希望通过我的努力，能让更多的人进一步了解米饭的美味和大米的美好。

柊家

经营200年

旅店服务

第6代社长　西村胜

与同行一起，
共同支撑京都乃至日本的文化

一、明确区分传承与创新

门口悬挂的额匾上写着"来者如归"几个字。意思是"就像回到自己家里一样，尽情放松"。像这句话表达的一样，要给予顾客家人般温暖、周到的服务。这是创业以来一直遵循的传统。

另外，要用心，提前看出时代的变迁，并且迅速转变形式，来适应时代的要求。比如，收购的柊家别馆，提供了比本馆更合理的价格。这是因为考虑到随着旅行需求的扩大，到京都的游客会增加。此外，近年建的新馆，设置了有床的房间。这是因为意识到海外游客和高龄的客人会增加。

二、经营者揭示未来的目标，为了达成目标亲自培养所需人才

作为老字号旅馆，守护传统，并传承给下一代，

---

* 〒604-8094　京都市中京区面屋町姊小路上中白山町277
TEL▼（075）221-1136　HP▼http://www.hiiragiya.co.jp

是非常重要的事情。柊家有 196 年的历史，在昭和及平成时代出了一位将传统传承下去的女性，她就是田口八重。八重在柊家工作了 60 年，她将柊家的传统教授给了历代老板娘和员工。正是多亏这样的人，才守住了柊家的传统。

三、卖方受益，买方受益，社会更加受益

像我们这样的老字号旅馆，作为"和文化"的继承人，人们会要求我们保留榻榻米的温馨及和室的稀有价值。为此，我们还必须善待同行业。

京都有被称为三大老字号的旅馆，炭屋、俵屋，还有我们柊家。因为每个旅馆都有自己的特点，所以客人可以根据各自的喜好选择。但我们之间不是竞争，而是建立了共同支持京都乃至日本文化的关系。今后我们会继续守护和培育"和"的文化。

第 4 代社长　铃木基一
让顾客喜欢和满意是生意的根本

一、明确区分传承与创新

从第一代创业者继承下来的，大都是一些表面的东西。所以我果断改变了以往的做法，不断开展新事业。原本创业者就是凭自己独特的创意开始创业的，我觉得继承这种 DNA 才是重要的事情。

当然，对纸的执着是应该保留的精神。因此就要好好利用纸的特性，原本不是用纸做的东西，现在用纸来做会怎样呢？不断试验，发起了以纸为中心的技术革新。我觉得，这才是公司应有的姿态。

二、经营者揭示未来的目标，为了达成目标亲自培养所需人才

告诉员工"商品不是去卖的，是让人来买的"。为此，提供顾客喜欢的方案，让顾客主动提出"请

---

  *　〒604-8113　京都市中京区柳马场六角下井筒屋町 409·410 番地

TEL▼　（075）692-2901　HP▼http://www.shofudo.co.jp

务必卖给我"。如何让顾客这么想，才是我们必须时时思考的生意经。

为此，先要看现场。观察现场、观察商品、观察顾客，然后提供顾客所期待的方案，这才能成为生意。绝不能只靠三寸之舌。如果有成功的商品发布案例的话，我们会互相介绍，全员共享，以求提升每个人的能力。只有顾客的商品畅销，公司的销售额才能上升。理解这一点，员工才能够成长。

三、卖方受益，买方受益，社会更加受益

要做让顾客高兴的事。做到这一条，就能给公司、给员工、给供货方也带来利益。公司的商品是纸制品。正因如此，如果能做出设计巧妙的纸制品，那么，装在里面的顾客的商品，无论在百货店也好，零售店也好，都会被摆放在显眼的位置。这样的话，客户的销售额就会提升，我们的销售额也会随之提升。不是先考虑公司的销售额，关键是先要让客户的销售额提升，让客户高兴满意。

中村蜡烛
经营 131 年

制作并销售日本蜡烛

第 4 代社长　田川广一

坚守 "真货" 的理念，
设立 "御使物本铺" 直营店铺

一、明确区分传承与创新

作为日本 "真货" 的传统工艺品，每一种都蕴含着 "真货" 的使用价值。举例来说，如果把寺院用的日式蜡烛换成西洋蜡烛的话，虽然几年内周围的挂轴和障壁画上不会附上烟尘，但 20 年之后，重要的挂轴和障壁画上就会附着含有油分的烟尘。用日式蜡烛虽然每年必须擦拭一次，但对挂轴和障壁画不会有任何伤害。所以使用日式蜡烛有利于保护传统。我认为必须保留真货的使用价值。

近年，日式蜡烛的原料黄栌的种子越来越少。因此我们开发了替代黄栌种子的天然素材，并且正在逐步替代。此外，在制造方法上使用了模具，提高了效率。

---

* 〒612-8413　京都府京都市伏见区竹田三杭町 57-8
TEL▼（075）641-9381　HP▼http://www.kyorousoku.jp

二、经营者揭示未来的目标，为了达成目标亲自培养所需人才

老字号的社长站在店铺的角度，给顾客介绍商品，可以讲得头头是道。但是，却不能从客人那里听到意见。因此，让刚毕业的年轻员工当店长，创造一种环境，让他们站在与顾客相同的视角上讨论有关产品的问题。这样一来，顾客信息不断进来，新商品就会应运而生。把事情委托给年轻的店长，传统工艺品会更加贴近生活，也会增加不同年龄的粉丝。

三、卖方受益，买方受益，社会更加受益

日本的传统工艺品，正在被国外的廉价品排挤，现在面临着生存危机。传统工艺品制造企业中，老字号的中小企业居多，濒临生存危机的企业也很多。为此，我们开设了两家零售店，名叫"御使物本铺"。不仅销售本公司的商品，也接受其他公司的委托，陈列他们的商品，进行销售。店铺选在京都站附近和寺町三条附近游客聚集的地方。希望顾客"来到、看到、摸到、感受到之后，购买真货"。我相信，如果知道是真货的话，顾客一定会发现它的魅力。

**上羽绘惣
经营 267 年**

制造并销售画具和胡粉

第 10 代社长　石田结实

寻找胡粉新功能，开拓新市场

一、明确区分传承与创新

公司是日本画的绘画用具的专卖店。近年，我们从不同的角度发现胡粉的功效，开发出新的美甲和胡粉香皂等，开始经营化妆品事业。

胡粉的原材料，具有抗菌作用，安全性好，误食了也没有危害，是价值极高的原料，甚至可以用于化妆品。将它作为美甲原料使用，是因为皮肤敏感而不能使用普通美甲产品的顾客有这种需求。

目前我们想把产品推到国际市场，把进军欧美也列入了计划。与以往绘画用具的目标顾客完全不同，新开发的产品的销售对象以富裕人群为主，同时为适应欧洲各国的文化，准备对色彩、功能进行调整。

＊　〒600-8401　京都市下京区东洞院通松原上灯笼町东侧
TEL▼　（075）351-0693　HP▼http://www.gofun-nail.com

二、经营者揭示未来的目标，为了达成目标亲自培养所需人才

我们的商品，和其他的美甲商品相比，无刺激性气味，有透气性好，速干等特性和涂抹轻便的特点。因为是水溶性，所以不用洗甲水，用一般的消毒酒精就可以擦掉。由于是一款独特的商品，所以需要能够确切说明产品特点的销售员，站在顾客的角度思考品质与服务，尽快采取行动满足顾客提出的要求。在这方面我们还要进行深入的学习。

三、卖方受益，买方受益，社会更加受益

有大概60%的女性没有做过美甲。其中，因为皮肤和指甲易过敏，或对味道敏感，所以不能做美甲的人占很大比例。我们想让这样的人也能体会到美甲的乐趣，所以开发了胡粉美甲。

另外，我想让老年人也通过美甲，从精神上健康起来，所以在养老院开展了美甲的志愿者活动。

第 10 代社长　堀智行

追寻金箔的最大可能，积极开发新产品

一、明确区分传承与创新

公司有三条要遵守的家训。

> 第一条是"适当规模的经营"。是指不让客户过度集中，一家客户的订货额最多不超过我们公司销售额的 5%。
>
> 第二条是"信用第一"。金箔以 0.1 克为单位计算，不可以有任何欺骗行为。
>
> 第三条是"所谓传统，就是革新的连续"。不甘于现状，具备不断超越公司现有产品的热情。

此外，追求金箔多种多样的可能性，积极进行商品开发。例如，食用金箔、艺术品、薄膜热压附

---

* 〒604-8095　京都市中京区御池通御幸町东入
TEL▼（075）231-5357　HP▼http://www.horikin.co.jp

着、吸油面纸、数码档案、透明文件夹等，进行各种产品开发。

二、经营者揭示未来的目标，为了达成目标亲自培养所需人才

员工是家族成员，一起旅行，一起聚餐。积极提拔优秀员工当董事，所以离职率非常低，也有两代、三代都在公司工作的员工。

新事业的开创也与员工共同进行，经常督促员工思考金箔粉的新用途。聚餐的会场，就是大家提供新点子、发表意见和建议的场所。

三、卖方受益，买方受益，社会更加受益

税金要计算正确，诚实纳税。因此，公司一直被评为优良纳税法人。同时也致力于支援地区的活动。在公司用地的祠堂里举行地藏盂兰盆活动，积极参与社会活动，我担任附近小学校的 PTA 副会长，还担任中京纳税协会青年部部会长等职务。

第六章

京都老字号社长座谈会

◆ 作为老字号企业继承人活跃在一线的会长·社长

　　在本章中，介绍一下老字号企业继承人座谈会。请长期以来作为老字号企业继承人，也就是为公司发展出谋划策的会长或社长，针对"传承下来的东西""革新的东西""想传给继承人的事项"这三项，进行讨论。

●主持人
　●**林勇作**（简称"林"）
●京都老字号企业的会长·社长
　●**本家西尾八桥**
　　社长　**西尾阳子**（简称"西尾"）
　●**山花　平八茶屋**
　　会长　**园部平八**（简称"园部"）
　●**中村蜡烛**
　　社长　**田川广一**（简称"田川"）

老字号传承下来的东西

林：能在百忙之中聚集在一起，在此表示衷心的感谢。多年以来，作为引领老字号企业的各位带头人，关于传统、核心思想等，各位一定有传递给子孙的想法。先请告诉我们"传承下来的东西"是什么。

西尾：随着时代的变化，小豆的价格会上涨，砂糖的价格也会上涨。但是作为公司的原点，不管原材料上涨多少，产品的价格也不上涨，材料的品质也不下降。正因如此，有时非常艰难。尽管行情不断变化，遭遇各种各样的情况，但是材料从来没有改变。

"不管什么样的时代，使用比现在更好的原料。不管多艰难，绝不使用比现在差的原料。埋头苦干，拼命努力，精益求精，只要做出美味的东西，公司就不会倒闭，家人能吃上饭，能开上车。"这是我父亲的遗言。这就是原点吧。我们店涉及的都是小豆和砂糖等应对行情变化很弱的产品，所以有很艰难的时候。

林：就是说，不管遇到什么情况，都不改变。

西尾：是的。对于老字号企业来说，还有一个非常重要的事情。举例来说，同样的小豆，有 8 日元和 10 日元的进价差别，谁都会和卖 8 日元的一方做交易。但是，如果 10 日元这家，从父亲那代起就一直是进货的供应商，那就不能什么都不说，就改成便宜的那家。"虽然在你这里一直是 10 日元进货，但这里有 8 日元就能供货的，你看应该怎么办？"结果人家说"8 日元做不过来，就 9 日元吧"。虽然仍贵 1 日元，但还是继续与老供应商做下去。哪怕别家更便宜，也绝不更换供应商。因为维持了这种合作关系，等到小豆行情上涨时，供应商会说"行情高的这一份，权当维护客户吧"，在行情上涨时，也会给予通融。结果是我帮你、你帮我，互相扶持。不是因为老字号企业才说这样的大话。这样珍视供应商，我们也会受益。这是非常好的经验。

林：平八茶屋家，一定要让后世传承的东西是什么呢？

园部：西尾先生说的观点我完全赞同。"山药麦饭"是我们店的招牌料理。438 年前作为茶店创业的时候，就是用柿子和茶做山药麦饭。在办杂货店的时代，也在店铺旁边做山药麦饭的生意。此后，到了江户中期，创办山药麦饭专门店时，才开始专做山药麦饭的生意。这一点是不能改变的。100年前山药麦饭就是本店的招牌商品，现在也是，我希望100年后也能让人们品尝到山药麦饭。

林：制作东西真的是非常辛苦的事，中村蜡烛家有什么向后世传承的东西吗？

田川：和西尾先生说的一样，从先代开始，就教我们要珍视供应商。但是，我们害怕的是供应商歇业。供应商歇业的话，日式蜡烛就根本无法生产了。因此，每个月都要买进一定量的原料，供应商才能生存。最近作为原材料的黄栌种子逐渐减少。所以我们开发了取代黄栌种子的天然材料，并逐步过渡。从过去一直做到现在的日式蜡烛，必须继续做下去，守护好这个事业，这是最基本的想法。今后，真货的好处，使用真货的价值，要在社会上做更广泛的宣传。

老字号创新了的东西

林：那么接下来，能告诉我老字号"创新了的东西"是什么吗？

　　西尾：以前，说到代代相传的八桥点心，分为烤之前的生八桥、烤八桥，还有挂糖衣的八桥，只有这三种。三四十年前在生八桥里放入豆沙后包成三角形，成为有名的"生八桥饼"，在当时非常流行，我们也仿制了。多亏如此，八桥才得以延续至今。现在本店有十几种口味，有加了草莓果酱和香蕉果酱的，还有夏季的汽水味的、橘子味的等。正是因为我们这样做了，八桥屋才得以存续至今。"那样的东西我们不做！只做传统的那三种"，如果这样，恐怕早就衰败了。当然，从祖先处继承的基本东西最重要，但在守护的同时，还要做出适应现代需求的东西。现在我是社长，儿子是专务，儿子在八桥里放入青苹果，拿来让我试吃。我说"八桥是有肉桂风味的"，儿子回答"光这样可卖不出去"。然后，等我注意到的时候，他已做了十几种，实际上，销售额直线上升。原来如此，儿子做得不错。我意识到，老一代要少说为妙了。这样才能延续下去。

　　林：谢谢。平八茶屋家是怎样的呢？

园部：如果要说改变了什么的话，料理店虽然还是料理店，不过店铺前面的道路——若狭街道，到明治时期都是咸鱼交易的入口。从明治初期开始铺设铁道以后，不通过这条道，铁道就可以把鲭鱼和甘鲷、鲽鱼送进街道的任何角落。自此若狭街道上就没有用大板车和徒步来送东西的了。由于在那条街上买不到好的食材，所以第 15 代社长就改成了河鱼专门店。当然，京都的五大菜系中也有被称为"河鱼料理"的大的流派。我们店和美浓吉也做河鱼料理，贵船的富士屋现在还是只做河鱼。那个时候我觉得河鱼料理会衰退，是想到鲤鱼虽然很好吃，如果十个人里有七八个人点海鲜的话，剩下的三个人也会变成海鲜吧。因为我有保留美味的河鱼料理的想法，35 岁的时候我开始了"若狭怀石"料理。因为到父亲的第 19 代为止一直都是河鱼料理，当初使用甘鲷做的料理几个月卖不动。所以这些食材也只好处理掉。虽然如此，研究还是继续。最初是100%的河鱼料理，过了一两年以后，使用甘鲷做的料理增加到了 4%～5%，接着达到 10% 左右。之后，过了五六年，接近半数变成了使用甘鲷的料理。又过了十年以后，90%的料理变成了使用甘鲷的料理。河鱼料理减少到10%以下。现在，百分之几是河鱼，大部分都变成了海鲜料理。但是，至今仍然保留着延续了100年的河鱼料理的菜单和经验诀窍。因为夏目漱石和美食家鲁山人称赞的是我们店的河鱼料理，所以还是保留下来。但是仅仅这样还是不行的，所以要大力推广使用甘鲷的新流派料理，同时好好地保留河鱼料理。正像西尾讲的，如果只做传统的八桥，店铺无法生存。只有这样灵活应对，店铺才能保留下来。我自己也再次感受到了这一点。

林：中村蜡烛家是如何的呢？

田川：是的。在店铺里，有客人直接在蜡烛上绘画的情况，还有顾客要把逝去的亲人的回忆画在蜡烛上。一般认为蜡烛是点火的东西，但是，做成花的图画和花纹就变成了装饰品。出去旅行的时候，拿走佛龛前的鲜花，作为装饰品用蜡烛取而代之。还有将逝者使用过的东西做成图画进行装饰的用法。另外，还有用在出乎意料的地方的，例如在公司的周年纪念时，在蜡烛上画公司的LOGO，或在红蜡烛上画上花样用来装饰门厅等。此外，还有企业将其作为土特产送给国外的客户，并且用英文写着"日式蜡烛"。与其说是土特产，不如说是小纪念品。这些用途是我完全没有想到过的，所以我认为开店真的很好，顾客给我们提出了各种各样的建议。

想传达给继承人的东西

林：请告诉我，大家想传达给继承人的是什么？

西尾：对继承人的期望，刚才也说过了，就是"不管原料上涨多少，价格也不要上涨"的原则。"做食品生意，既然做这个八桥，原料的品质就不能降低，只要一心一意，埋头苦干，做出好吃的东西，公司首先就不会倒闭"。做食品生意，这是最基本的。

林：经历漫长的岁月走到今天，几代人守护的事业不能在我手里中断！有过这样的使命感吗？

西尾：经常有人对我说，守护了十几代，很不容易吧，但是作为当事人，我完全没有"我是第十几代继承人，为了传给下一代，非努力不可啊"这种感觉。根本没有考虑过终止事业。把事业传给下一代，发挥桥梁作用是理所当然的。没有考虑过如果桥梁作用发挥不了该怎么办。也许是因为 DNA 吧，我就是觉得自然就能传下去。在我这代倒闭的可能性，我连想都没想过。但是，作为父母，我至少要把这条传给孩子，而且让他入耳，让他入心。在日常的会话中，我就会不断给孩子讲。现在，我的儿子已经 49 岁了，在他大学时期对他说的事情，到了现在，我想他一定理解了，过去说的没有白费。不是唠唠叨叨讲道理，举个例子，这次给你介绍了园部先生，以后如果你有什么事要拜托园部先生的话，不要忘记帮助介绍的人。把介绍人丢在一边的处理人际关系的方式，是不行的。说这些，听起来也许不很舒服，但做人就应该这样，这是很重要的。看起来是微不足道的小事情，我都会给儿子、女儿讲。几十年以后，现在来看，讲过的各种各样的事情，都没有白讲，那时我讲了，真的很有效果。

林：平八茶屋现在也把社长的位子让给了儿子，如果有想传给继承人的东西，我们也想听一听。

园部：不是现在，是成为继承人之前的事情了。我们的家训是"继承人是厨师"，只是传承了这一条。料理店的老板不做料理，这样的店很多。那是成不了家业的。不管什么时代，如果都想把家业延续下去的话，老板要拿菜刀要掌厨，老板娘要到顾客面前点菜，女儿要在旁边帮忙，儿子要跟在父亲后边学习，要成为厨师。这样的话，仅靠家人就可把生意做下去。不管社会变成什么样，只要有家人就能做生意。如果自己不会拿菜刀的话，不雇人就做不了事。即使会做管理，也不会做好生意。这是首要的。还有，儿子上大学的时候，一时曾想过去别处就职。那时候，是第一次，不是父亲和儿子对话，而是站在继承人和下一任继承人立场上的对话。最终，儿子决定继承公司，为此一边去别人店里学习，一边做料理，干得很起劲儿。但是，我认为，这里有两个基本的条件。第一，就像西尾先生所讲的那样，是 DNA。因为我们家一直都是直系传承，所以 DNA 也得以传承。第二，就是环境。现在，最难的地方是，店长在景气的时候，都让孩子在远离店铺的公寓等地居住。这样就不能在店旁或者在店里培养孩子。一到星期天，和上班族一样，夫人也不到店里来，在家陪孩子，或到附近的动物园去玩。如果在店里或者店旁居住的话，店里忙得团团转了也就不可能出去了。但是，在外面就不知道这种情况。所以环境这一要素很重要。我是在"平八"里长大的，我儿子也是在"平八"里长大。因此，当儿子说想结婚的时候，我只提了一个条件，就是要让孙子在店里长大，让大家在一起，然后才同意他们的婚事。至于其他方面，什么都没有说。总之，就是 DNA 和环境这两条。很早以前，有一件让我记忆非常深刻的大事。那就是，在新年，社长、继承人、亲属们必定一起在佛龛的前面吃年节菜。所有人都聚集一起，从说"恭喜新年"开始一年的计划。在那个时候，我的爷爷和父亲，也就是社长和继承人的碗里有大得连盖子都快盖不上的头芋（寓意为领头人）。就在爷爷去世后的那一年新年，把头芋放到了我的面前。这是在无言宣告"你，就是下一任"。从那时开始，我每年都能吃到头芋。这让我印象深刻。从爷爷去世那年，也就是我小学六年级开始，头芋摆到了我面前，这事我至今记忆犹新。我曾想过，"哎，怎么回事"，但是不久就渐渐明白，它意味着父亲之后就是我了！当父亲去世的时候，头芋就会给我儿子，我死了，头芋就该给孙子了。

林：那是必须给长子的吗？

园部：不是，是给继承人的。在我们家，虽然长子和次子差一岁，但是次子是不给头芋的。只给长子，这样，次子今后必须离家出去求职，长子是我，不继承不行，这些意识都是从小时候开始反复灌输的。就用这样的形式传承下来的。这是我们家新年的仪式之一，大家都认同。"下一代的继承人就是你"，即使不说也都明白。亲属也会认定长子是继承人，这样的话，大家会一起来培养继承人。

林：那是应该延续下去的。中村蜡烛家怎样呢？

田川：和大家不一样，我是外来的。所以迄今为止，是在和家业无关的环境里长大的。有一天，岳父突然倒下了，很匆促，继承的衣钵就传到了我的手里。之前，在和许多老朋友的交往中，得知传承中断的企业，都是因为没有明确确立继承人。正如刚才说的，"下一任由你继承"这一条没有明确。"到时自己的孩子自然会来继承的"，在这么想的时候，不知不觉，因为杂事多就错过了继承的时机。结果，传承就终结了，这种情况很多。所以，我对儿子说，"在我 50 岁前，是否继承家业，你要做出决定"。环境发展到无法继承时，再要儿子继承，我讨厌这么做。如果儿子不适合干蜡烛这一行，或者实在不喜欢这一行的话，我会对儿子说，"那就不勉强"。我会在体力尚可期间问他。因为我也是入赘到夫人家的，自己的儿子如果不合适的话，女婿也是可以的。我就是这样考虑的。在我自己还是工匠的时候，也叫儿子试做。我让他做的都是传统的、纯粹手工的蜡烛。因为使用漆科的植物，所以还有身体适应不适应的问题。总之先让他尝试，等这一步做好之后，才能进入下一阶段。真的，今天我听到了大家的好经验，从我的下一代开始，我也想采用家训、头芋，这类培养继承人的方式。

园部：应从社长这代开始。从明年开始，就把头芋放在自己面前。是长子还是女儿，在确定继承人时做好准备就可以了。大家也就都能明白由谁来。

田川：要以某种形式保留下来，的确是这样的。

林：今天听到了很多有价值的话，真的很感谢。学到了很多东西。

◆ 继承了老字号企业的年轻社长

请近年继承了老字号企业的年轻社长们来谈一谈如下三个问题：应该传承的东西是什么，应该改变的东西是什么，现在这个时代需要的东西是什么？

●主持人
  •**林勇作**（简称"林"）
●京都老字号企业的年轻社长
  •**佐佐木造酒**
    社长　**佐佐木晃**（简称"佐佐木"）
  •**山花　平八茶屋**
    社长　**园部晋吾**（简称"园部"）
  •**伊和忠**
    社长　**伊藤忠弘**（简称"伊藤"）

老字号企业必须传承的东西

林：今天大家能聚集在一起，真的非常感谢。各位都继承了有着历史和传承的老字号，我想，大家也都有守护家业的豪情吧。这里，请先告诉我，什么是"应该传承的东西"？

佐佐木：在京都做生意，当然，要努力与本地相结合。即使要向其他地域拓展，但现在身在京都，这是重心，我经常这么思考问题，就是所谓京都特色。把这种特色融入商品里，或者体现在外观上，做各种各样的尝试。我们是造酒的，就要酿造适合京都料理的酒。比如，酸味很强的酒，就不是京都特色。所以我们不造这样的酒。也有像陈酿绍兴酒之类的酒，虽然很受欢迎，但是我觉得这也不适合京都料理，所以我们也不生产。想要让顾客无论选哪种酒都能安心。用心制造这样的酒，就是我们必须传承的。

林：谢谢。那么平八茶屋又是怎样的呢？

园部：想把什么留下来，这是非常困难的问题。不过，我还是想把日本料理留下来，把日本料理做下去，就是这个想法。因此，把现在做的事业全部丢弃，而去经营公寓楼，或者去干别的事情，这是无法想象的。除了无法想象的事情，大概就是应该留下的吧。我觉得应该是这样的。如果问我，在我们店里，没有改变的东西是什么，我还真的不知道。可能是我没有意识到吧。但是 20 年前来过的某位客人说："这店真的没有变化啊。" 20 年前是父亲的那一代。无论是烹饪方法还是料理本身，我自己认为已经改变了许多。但是，那位客人却说"没有变化"。还有 50 年前来过的客人，也说"这家店没有什么变化啊"。50 年前是爷爷的那一代，我觉得已经完全不一样了。但是，就有这么说的客人。

林：那是为什么呢？

园部：是一直存在某种"不变的东西"。我们一直在这家店里住，在这里生活，在这里成长。所以是有某种精神，比如祖先的思想，在不知不觉中，渗透到了我们的身体里面。这样的想法、这样的精神，其实就是"不变的东西"，就是我们必须传承的东西，也是我们家的本色。所以现在，唯一能做到的，就是在我们的店里面培育孩子。

林："伊和忠"又是怎么样的呢？

伊藤：更贴近顾客的部分，或者说是顾客对"伊和忠"的印象，我想是不能改变的。真的，最近才注意到的，"保持不变"其实是一件很困难的事情。

看到员工的行动，感到效率不高，但是要改变，又觉得比较棘手。要求员工这样做、那样做的话，很多事情都会慢慢发生变化。比如，从过去延续下来的清扫顺序，在长期坚持过程中的氛围，都会被破坏。所以即使效率不是太高，与树立形象相关的部分不能改变。这并非安于现状。只要有支持我们的顾客，希望这样的顾客不只在日本，也能拓展到世界各地。如果这样，顾客对"伊和忠"的印象就要认真保留，要作为一种文化传承下去。

老字号企业应该改变的东西

林：接下来，能告诉我什么是"应该改变的东西"吗？

佐佐木：日本酒在某种程度上，有精炼极致的部分。但是，也有需要更加努力的部分。比如，新研发的无酒精饮料等。这些新产品是否盈利呢？实际上利润很少，但是这些创新对主业有很多好处。

林：就是说新事物和主业有联动的作用吗？

佐佐木：是的。是为了主业才做的。公司做新的尝试，"那家公司在做稀奇的事"，媒体会来采访，当然可以提高知名度。从前只能参加酒类展览会，现在生产出了无酒精饮料，也能参加食品展览会了。当然重点还是放在日本酒上。必须尝试做其他产品。但这些产品基本上还是利用日本酒的制造技术。如果我们去制造梅酒不会受关注。因为设备的关系，制造啤酒也很困难。用米来做新的食品原料，做甜酒什么的应该是可以的。

林：不失去重点的事是很重要的。平八茶屋怎么样呢？

园部：改变了什么呢……我还没有做到这一步。问我实际上改变了什么，只能说做了微小的调整。与至今所做的事情完全不同的事情，我还没有做过。与其说不可以改变，不如说没有改变的必要。如果有改变的必要，我想不改变是不行的。

林：有过想要这样去改的想法吗？

园部：虽然也有让我的店变成这样或那样的想法，但是现在还只是不断进行微小的调整，只要最终能够实现就可以了。我是这样想的。

林：会长是从河鱼料理改变成甘鲷料理，这是一个很大的转变。类似这样的转变，会考虑吗？

园部：也许会，根据今后的状况吧。

林：那很期待伊藤先生如何呢？

伊藤：除了顾客要求的和与公司形象相关联的部分，特别是在硬件部分，做了数不清的改变，比如财务系统等。改变的都是和顾客完全没有关系的部分。所以顾客不会觉得"伊和忠"变了。或许间接地对公司风气也有很大影响，所以供应商有时觉得我们"变了"。

现在这个时代要求的东西

林：请告诉我，"现在这个时代要求的东西"是什么？

佐佐木：我们公司没有大家都需要的东西。如果我们自己不主动宣传的话，绝对会被忘记的。在物资匮乏的时代，只要做出来，大家就会来买。现在物资丰富，在各种各样的商品中，如果不宣传，不强调自我存在价值的话，大家不会关注我们。比如，我们会强调我们是位于京都的酿酒厂，我们的酒适合京都料理。另外，偶尔做点广告，所以大家知道我们。但是过了两三年，大家就会忘记。因此，有必要不断地推销自己。最重要的是，制造好的商品。现在只是偶尔让别人知道了我们，如果不拿出好的商品，坏的流言反而会传播开来。所以必须不断做出好的产品，并且加强宣传。

林：佐佐木造酒真的非常谦虚。平八茶屋怎么样呢？

园部：完全赞同佐佐木先生所说的。这个时代，追求的是信息，我是这样认为的。发达的互联网技术，再加上全球化的不断发展，现在一个人就可以把信息发送到全世界。全世界的人都可以读到这个人的信息。过去我们的经验是，"做得神秘，就能成功"。只让人看到一小部分，剩下的九成依靠顾客的想象产生购买欲，或者让顾客享受期待的乐趣。这是一种方式。现在还这么做的话，就会完全被埋没。所以，就像佐佐木先生所说，信息必须不间断地被披露。信息时代，就是顾客可以随时获取信息。当顾客搜索信息时，如果我们的信息不能及时呈现，就完全被埋没了。比如，搜索"平八茶屋"这个关键词的人，有来过我们店的人，熟悉我们店的人，或者听说过而对我们产生兴趣的人。这样一来就有了"平八茶屋"这个搜索关键词。但是，通过这样的关键词来使店铺得到推广的概率是极小的。所以，有必要大量扩散相关的关键词。

林：这是为了在哪儿都能搜索到。

园部：是的。这就是信息的发布。在信息检索的时候，立马就出现我们的信息是最理想的。但是，和店铺完全没关系的信息就不要做。比如，我们的宣传小册子上，只是简单写着"夏目漱石来过""被虞美人草所记录"。但我们公司的主页呈现的信息就比较详细，记录了夏目漱石在京都旅行的行程；来京都的四次中，几次来过我们店；和我们有着怎样的关联。也把高浜虚子、正冈子规来过的事情也描述了一下，供顾客浏览。只是因为我们发布了相关信息，所以有人使用"正冈子规""夏目漱石"这类关键词搜索时，就可能看到我们店的介绍。我们做了很多相关的窗口，北大路鲁山人也是这样。关于甘鲷、关于丹波的鸡肉丸芋头，都介绍得相当详细。"婴儿百日祝福"也因此而获得成功。关于京都的百日祝福的做法和由来，写得都很详细。虽然网站写着在家里也可以做，我也觉得能在家里做是很好的，但是因为太难，不会做的人就会委托我们。现在网页已经开设两年左右了，它在"京都·婴儿百日祝福"的检索中是出现最多的。能够在检索中脱颖而出是最重要的。所以，处在信息时代，为了满足顾客对信息的需求，我们会不断更新信息。

林：非常简明易懂。"时代追求的是信息"。佐佐木造酒想强调的也是这个吧。那么，也请"伊和忠"讲一下。

伊藤：要接着刚才的话题，我想也确实是这样。说到在网络上传播信息的话，现在确实是一个信息能够广泛传播的时代。但是，信息背后的东西才是重要的。特别是现在，不识真货的人越来越多。比如，相同的价格卖相同的商品，一个是在京都地区经营了100年的店，一个是昨天才开业的店，问你买哪家的。一定是想买京都店里的。无论什么时代，人们追求的，自然是真货的价值，这并不新鲜。也正因如此，我们的责任就是做出有价值的真货，进而加强宣传，增加信息曝光量。

林：同样做传统产业的日式蜡烛的中村蜡烛家，也说过同样的话。在假货快速上市的时代，怎样宣传好真货，是非常重要的事。

伊藤：现在能够及时捕捉时代追求的，已经不是老字号企业了。我认为，对老字号企业来说，重要的还是重视真货的价值，这是永远的追求。佐佐木先生和园部先生，在这方面都有牢固的基础。缺乏这个，事业不可能长期传承。

林：看来"真货"这个词，在今后的时代，必将越来越重要。非常有益的讨论，谢谢大家。

后 记

非常感谢您能读完全书。从京都百年企业所学到的东西，在这里我用自己的方式做了介绍。

这本书是写给中小企业的经营者和继承人的，我还希望京都老字号企业的研究者、喜欢老字号企业历史的人也能读一读这本书。

讲述老字号企业的历史，通过最真实的声音传达老字号企业对"顾客""祖先""地区"的看法，尽可能把所有听到的内容如实记录下来。另外，把采访中获取的信息，作为经营者的指针，归纳为企业传承的三条秘诀，列举了大量老字号在实际中体验的事例。这不单纯是有趣的读物，我认为其中有许多内容会对实际的经营有所帮助。

如果您把本书放在身旁，在您困惑的时候，能为您提供参考的话，我将感到无比的幸福。各位的企业能够成为百年企业，才是我最大的愿望。

第六章，是受到一位今年迎来创业 90 周年的企业的继承人的启示，才得以实现的。这位继承人说："我认为，这本书是承担下一代责任的年轻经营者应该读的书。这样的话，我们这一代的老字号企业的社长和我们父辈，各自说出自己的想法，如果我们能发现其中的不同点和相同点的话，就能够产生特别的共鸣，这是非常有意义的事。"

听到这句话，我才着手选定座谈会的人选和时间、地点，并且很快付诸实行。各位老字号企业的社长能在百忙之中参加座谈会。我在此表示衷心的感谢。

这个座谈的部分内容在本书中做了归纳。两个相同主题，一个不同主题，希望各位通过比较，分享有趣的观点。

一方面，父辈这一代的社长们，基于自身的实绩，带着自信，断言这个要保留，那个要改变，还有余力为下一代助威打气。另一方面，年轻的社长们表述了"今后想这样做""应该有这样的可能性"，在表示要挑战未来的同时，也能感觉到他们抱有若干的不安。他们表达的守护的姿态，也给我留下了深刻的印象。我想，这也说明老字号企业继承人感受到了压力吧。

真的非常感谢各位的帮助。

京都100年企业研究会的活动现在还在持续进行。每两个月一次，访问京都的老字号企业，聆听社长的意见，体验传统工艺品的制作过程，品尝美食。在实际体验中学习老字号企业持续经营的秘诀，为各位提供让自己公司实践这种秘诀的机会。对此感兴趣的话，我会感到非常荣幸。

本书是第一部，今后还会继续学习更多的老字号企业，将学习到的新的内容，写成第二部、第三部。只要有值得学习借鉴的老字号企业，我想一直持续下去。这次是京都，今后也会着眼日本全国的、海外的企业，研究其共通性、地域性、国民性，不断发现新的价值。

最后在出版发行之际，向给予我大力协助的"科米尼克出版"的下井社长、编辑井上学先生，给予我宝贵建议的盐见哲老师、卯野裕也先生、中小企业诊断士足立早惠子女士、桥本浩司先生以及提供资金支援的卯野隆也社长、上坂朋宏老师、他研究会的各位会员、高桥莞尔社长和其他给予我关爱的各位表示衷心的感谢。

林勇作

2014 年 5 月

图书在版编目（CIP）数据

京都百年企业的经营秘诀／（日）林勇作 著；郭小莉 译. —北京：
东方出版社，2020. 2
ISBN 978-7-5207-1243-9

Ⅰ. ①京… Ⅱ. ①林… ②郭… Ⅲ. ①企业管理—经验—日本
Ⅳ. ①F279. 313. 3

中国版本图书馆 CIP 数据核字（2019）第 237089 号

Kyoto 100nen Kigyo ni Manabu Akinai no Iroha
by YUSAKU HAYASHI
Copyright © 2014 YUSAKU HAYASHI
Simplified Chinese translation copyright © 2019 Oriental Press,
All rights reserved

Original Japanese language edition published by KOMINIKE Publication Co., Ltd.
Simplified Chinese translation rights arranged with KOMINIKE Publication Co., Ltd.
through Hanhe International (HK) Co., Ltd.

中文简体字版专有权属东方出版社
著作权合同登记号 图字：01-2019-4315 号

京都百年企业的经营秘诀
（JINGDU BAINIANQIYE DE JINGYING MIJUE）

作　　者：[日] 林勇作
译　　者：阜东丹樱（郭小莉）
译　　校：曹岫云
责任编辑：钱慧春
责任审校：曾庆全　孟昭勤
出　　版：东方出版社
发　　行：人民东方出版传媒有限公司
地　　址：北京市东城区朝阳门内大街 166 号
邮　　编：100010
印　　刷：北京联兴盛业印刷股份有限公司
版　　次：2020 年 2 月第 1 版
印　　次：2023 年 5 月第 2 次印刷
开　　本：880 毫米×1230 毫米　1/32
印　　张：5.75
字　　数：72 千字
书　　号：ISBN 978-7-5207-1243-9
定　　价：38.00 元
发行电话：(010) 85924663　85924644　85924641